영적 건강 처방전

Originally published in English in the U.S.A. under the title:
Ten Questions to Diagnose Your Spiritual Health by Donald S. Whitney
Copyright © 2021 by Donald S. Whitney
Korean edition © 2022 by Touch Books Korea with permission of NavPress, represented by Tyndale House Publishers. All rights reserved.

이 책의 한국어판 저작권은 미국 Tyndale House Publishers 와 독점 계약한
터치북스에 있습니다.
신저작권법에 의하여 한국 내에서 보호받는 저작물이므로
무단 전재와 무단 복제를 금합니다.

영적 건강 처방전

도널드 휘트니

터치북스

추천의 글

'올바른 진단 없는 처방은 환자를 위험하게 만든다.' 모두가 아는 이 상식이 우리 신앙생활에서는 제대로 작동하지 않습니다. 지금껏 우리는 정확한 진단 없이 모호한 처방을 내리거나 그 처방에 따라 신앙생활을 해왔습니다. 모든 상처에 빨간약으로 알려진 포비돈을 발랐듯이 영혼의 상태를 정확하게 진단하지 않고 기독교란 이름의 종교적 처방만을 내리고 신앙의 열심만을 강조해왔습니다. 이 책은 바로 이 부분, 영혼의 건강 상태를 스스로 진단할 질문과 그에 따른 알맞은 처방전을 제시합니다.

저자의 책을 읽을 때마다 중요한 영적 원리를 오늘의 언어로 풀어 설명하는 데 탁월하다는 생각을 합니다. 이번에도 그랬습니다. 저자가 제시하는 열 가지 질문으로 우리의 영적인 상태를 명쾌하게 점검할 수 있습니다. 열 가지 질문들을 어떻게 그리고 왜 선정했는지, 그 질문들의 의미가 무엇이었는지에 대한 저자의 탁월한 설명은 독자의 무릎을 치게 만듭니다. 저자는 성경만 아니라 교부, 영성가, 청교도의 신앙 유산에 근거해 친절하고 구체적이며 실천적인 처방을 제시합니다.

저자가 들려주는 '영혼의 점검을 위한 열 가지 질문' 앞에 서 보십시오. 질문에 솔직하게 답해 보십시오. 그것으로 내 영혼의 상태를 진단해 보십시오. 열린 마음으로 처방전을 읽으십시오. 그리고 그것을 적용해 보십시오! 이 책은 우리가 반드시 점검해야 할 신앙생활에 관한 필수 질문과 해답을 갖고 있습니다. 영적 생활을 함에 있어 가까이 두어야 할 책입니다.

조영민 나눔교회 담임목사, 《룻기》 저자

우리의 영적 상태가 건강하다고 생각되든, 그렇지 않든 저자의 자기 진단을 통한 안내는 당신의 영적 건강 상태를 반드시 향상시켜 줄 것입니다. 그동안 저자는 영적 훈련에 관한 탁월한 책들을 우리에게 안겨 주었습니다. 하지만 나는 이 책이야말로 영적 훈련에 관한 가장 유용한 책이라 믿어 의심치 않습니다. 저자의 영적 건강에 대한 제안과 충고들을 삶에 적용함으로써 나는 하나님을 향한 갈망이 더욱 강해지고 영적으로 더욱 성장했음을 고백합니다.

T. W. 헌트 《그리스도의 마음》 저자

도널드 휘트니는 우리의 영적 건강을 전달할 방법으로 우리의 행동을 평가하기 이전에 마음의 태도에 대해 묻습니다. 그가 이런 평가를 위해 제공하는 질문들은 우리의 영적 건강을 점검할 뿐 아니라, 그 질문에 답하므로 정확하고 구체적인 대안을 마련하게 해줍니다.

브라이언 채플 커버넌트 신학교 총장, 《그리스도 중심의 설교》 저자

도널드 휘트니가 다시 해냈습니다! 나는 그동안 그의 저서들을 다른 이들에게 가장 많이 추천해왔습니다. 이제 그의 새로운 책을 나왔습니다. 이 책은 우리가 그리스도를 따르는 데 필요한 중요한 문제들을 스스로 질문하게 만듭니다.

마크 데버 캐피털 힐 침례교회 담임목사, 《건강한 교회의 아홉 가지 특징》 저자

이 책은 한 번 읽고 그대로 덮어둘 책이 아닙니다. 성도들이 부흥을 갈망하고 있다면 이 질문들을 쉬지 않고 적용해야 할 것입니다. 무엇보다 성찬과 예배를 위해 회중의 마음을 준비시키고자 한다면, 이 책은 정말

유용한 도구입니다.

론 오웬즈 《예배로 돌아가라 그러면 그들은 음악을 멈추지 못할 것입니다》 저자

당신은 영적으로 건강한가? 아니면 영적으로 분주할 뿐인가? 도널드 휘트니는 훌륭한 영혼의 의사입니다. 우리의 영적 건강을 진단할 수 있는 훌륭한 도구를 제공해주는 이 책을 나는 적극 추천합니다.

제리 브리지즈 《경건에 이르는 연습》 저자

영적 훈련의 실천은 필수입니다. 특히 너무나 잘하고 있었더라도 일순간 타락해 버린 사람들의 이야기를 들을 때면 그 필요를 더욱 절감합니다. '죄에 대해 여전히 애통하는가?'와 '사람들을 용서하는가?'는 특히 유익합니다.

에롤 헐스 〈개혁 시대〉 편집장

이 복음으로 너희를 능히 견고하게 하실
지혜로우신 하나님께 예수 그리스도로 말미암아
영광이 세세무궁하도록 있을지어다 아멘

롬 16:26-27

차례

추천의 글 · 4

들어가는 글 · 12

1. 하나님을 향한 갈급함이 있습니까? · 16

2. 하나님의 말씀을 지속적으로 듣고 있습니까? · 42

3. 사랑이 더 커지고 있습니까? · 62

4. 하나님의 임재에 더 민감해졌습니까? · 86

5. 다른 사람의 영적, 물질적 필요에 더 관심을 갖고 있습니까? · 112

6. 예수 그리스도의 신부인 교회를 즐거워하고 있습니까? · 132

7. 지금 어떤 영적 훈련을 하고 있습니까? · 152

8. 죄에 대해 여전히 애통해하고 있습니까? · 168

9. 다른 사람을 용서하고 있습니까? · 188

10. 천국에서의 삶을 기대하고 있습니까? · 208

미주 · 228

영적 건강 자가 진단 리스트

- 성령님의 도우심을 구하며 스스로 자신의 영적 건강 상태를 진단해 보십시오. 자신의 건강 상태를 잘 표현한 점수에 V를 표시합니다.
- 자신이 원하는 모습이 아니라, 자연스러운 현재의 내 모습을 솔직하게 표시하십시오.
- 체크를 마친 후에는 이 책을 처음부터 읽어도 좋고, 자신이 좀 더 알기 원하는 항목이나 더욱 건강해졌으면 하는 항목을 먼저 읽어도 좋습니다. 단 3점 이하의 점수가 나온 항목에 해당하는 장은 중점적으로 읽기를 권합니다.

- 5점: 거의 항상 그렇다
- 4점: 자주 그렇다
- 3점: 종종 그렇다
- 2점: 가끔 그렇다
- 1점: 전혀 그렇지 않다

	영적 자가 진단 질문	5	4	3	2	1
1	하나님을 향한 갈급함이 있습니까?					
2	하나님의 말씀을 지속적으로 듣고 있습니까?					
3	사랑이 더 커지고 있습니까?					
4	하나님의 임재에 더 민감해졌습니까?					
5	다른 사람의 영적, 물질적 필요에 더 관심을 갖고 있습니까?					
6	예수 그리스도의 신부인 교회를 즐거워하고 있습니까?					
7	지금 어떤 영적 훈련을 하고 있습니까?					
8	죄에 대해 여전히 애통해하고 있습니까?					
9	다른 사람을 용서하고 있습니까?					
10	천국에서의 삶을 기대하고 있습니까?					

자, 이제 당신의 영적 건강을 위한 여행을 시작해 봅시다!

들어가는 글

"잠은 잘 주무시나요?"
"금방 숨이 차지는 않나요?"
"시력이 갑자기 나빠지진 않았나요?"
"특별한 피로를 느낀 적이 있나요?"
"혈액검사를 하신 적이 있나요?"
"그러면 이번 검사는…"

이런 질문을 우리는 건강검진에서 받곤 합니다. 의사는 우리 몸의 건강 상태를 언제나 두 가지 방법, 곧 질문과 검사를 통해 진단합니다.

16, 18세기의 영국 청교도는 목사를 '영혼의 의사'라고 불렀습니다. 당시와 같이 지금도 사람의 영적 건강을 분별하는 과정은 언제나 질문과 검사로 이루어집니다. 이 책을 쓴 목적도 당신에게 질문을 하고, 성령의 도우심으로 스스로 자신의 영적 상태를 진단할 수 있도록 돕기 위함입니다. 이를 통해 저는 영혼의 의사 역할

을 하고자 합니다.

  건강하려면 당연히 생명이 있어야 합니다. 저는 당신이 하나님의 아들이신 예수 그리스도를 믿으며, 하나님이 은혜로 주시는 영원한 생명을 소유했다는 가정 아래 이 책을 썼습니다. 십자가에 달리시기 전날 밤 예수님은 이렇게 기도하셨습니다. "영생은 곧 유일하신 참 하나님과 그가 보내신 자 예수 그리스도를 아는 것이니이다"(요 17:3). 영생을 얻기 위해 하나님의 아들이신 예수님을 알아야 함을 강조하면서 사도 요한은 이렇게 덧붙였습니다. "아들이 있는 자에게는 생명이 있고 하나님의 아들이 없는 자에게는 생명이 없느니라"(요일 5:12).

  그러나 이 책을 읽는 많은 사람이 예수님과 하나님이 영생을 주셨음을 알고 있다고 잘못 확신하고 있습니다. 아버지께 이르는 유일한 길인 예수님을 통해 얻는 영원한 생명, 하나님을 아는 지식보다 더 중요한 것은 없습니다(요 14:6). 저는 하나님과 당신 사이에 있는 그런 관계가 있음을 당신이 당연하게 생각하지 않았으면 합니다. 성경도 당신에게 "더욱 힘써 너희 부르심과 택하심을 굳게 하라"고 당부합니다(벧후 1:10)[1]

그리스도를 통한 영생이 있는 곳에는 건강만 아니라 성장도 있어야 합니다. 이 책이 말하려는 바가 그것입니다. 이 책은 당신의 영적 건강과 성장을 진단할 수 있도록 할 것입니다. 이 책을 읽는 동안 예수님은 당신에게 영적 생명의 원천만 아니라 영적 건강의 기준 또한 되심을 기억하십시오. 영적 성장이란 모든 면에서 우리가 예수님, 즉 머리 되신 그리스도에게까지 자라는 것입니다(엡 4:15). 조나단 에드워즈는 이를 다음과 같이 매우 강하게 말했습니다.

> 그리스도인들은 그리스도를 닮습니다. 모든 면에서 그리스도의 성품을 닮지 않은 사람은 그리스도인이라 불릴 자격이 없습니다…나무의 가지란 그 나무의 그루터기, 뿌리와 같은 본질을 가지며 같은 수액을 가지고, 같은 종류의 열매를 맺습니다. 이처럼 몸

의 지체는 머리와 같은 종류의 생명을 갖습니다. 그리스도인들이 그리스도에게 속한 본성과 영을 가지고 있지 않다면 그것은 이상한 일입니다. 그들이 예수님의 살과 뼈가 될 때, 그들은 한 영이 되어 한 영으로 삽니다(고전 6:17). 이제 그들 안에 사는 것은 그들이 아니라 그리스도십니다.[2]

따라서 지금 당신의 영적 건강이나 영적 성장의 정도가 어떻든지 "믿음의 주요 또 온전케 하시는 이인 예수를" 바라봄으로써 시작해야 합니다(히 12:2). 그리고 "푯대를 향하여 그리스도 예수 안에서 하나님이 위에서 부르신 부름의 상을 위하여 달려"가야 합니다(빌 3:14).

주께서 이 작은 책을 기쁘게 사용하셔서 당신이 "오직 우리 주 곧 구주 예수 그리스도의 은혜와 그를 아는 지식에서 자라 가라 영광이 이제와 영원한 날까지 그에게 있"을 것입니다(벧후 3:18).

첫 번째 영적 건강 처방전

하나님을 향한
갈급함이 있습니까?

하나님과 거룩함을 향한 갈망, 굶주림, 그리고 갈급함 가운데서 나오는 거룩한 욕망을 성경은 종종 참된 종교의 중요한 부분이라고 언급합니다.

조나단 에드워즈

설교가 막 시작되기 전, 솔리스트가 '주님, 당신을 더 알기 원합니다'라는 찬송가를 불렀습니다. 그날 주일 오전 예배에는 신학교 스승이셨던 T. W. 헌트 목사님이 설교자로 초대받아 회중석 맨 앞줄에 앉아 계셨습니다.

솔리스트가 찬송가를 계속 부르는 동안, 헌트 목사님의 숨소리가 들렸습니다. 찬송이 다 끝났는데도 목사님은 꼼짝도 하지 않으셨습니다. 그 시간이 너무 길어서 설교할 차례를 잊어버린 건 아닐까 걱정되었습니다.

신호를 보내려 하자, 목사님은 심호흡을 크게 하고는 생각에 잠긴 얼굴로 단상에 올랐습니다. 그러곤 한 동안 아래만 주시하고는 마침내 입을 열었습니다. "주님, 진정 당신을 더욱 알기 원합니다." 목사님은 준비한 말씀을 잠시 미뤄 두고, 하나님을 향한 갈급함과 그리스도를 더욱 알기 원하며 그분께 더욱 온전하게 순종하길 원한다고 고백했습니다.

평생 동안 주님을 따랐지만 여전히 주님을 따르는 달콤함에 사로잡혀 있는 한 사람이 그 자리에 서 있었습니다. 흐르는 세월과는 무관하게 성장의 은혜가 그에게는 넘치고 있었습니다.

그 후로도 저는 일 년에 한 번 이상 목사님을 만났습니다. 하나님을 향한 갈급함은 그의 열망을 자석처럼 여전히 당기고 있었습니다. 최근 교단 회의에 참석하고 숙소로 돌아오는 길에 그와 셔틀버스를 탔습니다. 일흔을 바라보는 나이에 심장수술까지 해서 많이 약해지긴 했지만, 기도에 대해 최근 배운 것을 이야기하는 내내 그의 눈은 반짝거렸습니다. 몸은 비록 쇠약해졌어도 하나님을 향한 갈망은 영적으로 계속 성장하고 있었습니다.

분명 사도 바울도 당대 사람들에게 이와 비슷한 인상을 주었을 것입니다. 그리스도 안에서 성숙한 사람이었고 많은 것을 보고 경험했음에도 불구하고 바울은 말년에 그를 움직이는 그 열정에 대해 이렇게 썼습니다. "그분을 알고자" 합니다(빌 3:10). 뭐라고요? 그분을 더 알고자 한다고요? 바울은 이미 예수님과 매우 친밀한 관계였고, 누구보다 그분에 대해 잘 알고 있었지만 그는 예수님을 알수록 더 그분을 알고 싶어 했습니다. 그는 영적으로 강해질수록 하나님에 대해 더 갈급해 했습니다.

이와 비슷한 갈급함을 시편 42편의 기자는 1~2절에서 다음과 같이 말합니다.

하나님이여 사슴이 시냇물을 찾기에 갈급함 같이 내 영혼이 주를 찾기에 갈급하니이다 내 영혼이 하나님 곧 살아 계시는 하나님을 갈망하나니 내가 어느 때에 나아가서 하나님의 얼굴을 뵈올까

이것이 당신의 갈급함에 대한 표현인가요? 그렇다면 힘을 내십시오. 설령 지금 당신이 어떤 환경에 처해 있더라도 당신의 갈급함은 영혼이 성장하고 있다는 표지이기 때문입니다.

세 가지 영적 갈급함

매순간 그렇게 느끼는 것은 아니지만 모든 영혼 속에는 어떤 의미에서든 갈급함이 있습니다. 하나님은 우리를 자연적인 상태에 만족하도록 만드시지 않았습니다. 조금씩 다를지 모르지만 어떤 식으로든 모든 사람은 현재 자신이 가진 것보다 더 많은 것을 원합니다. 그 정도의 차이는 그들의 영혼 안에 있는 갈급함의 종류가 다르기 때문입니다.

공허한 영혼의 갈급함

자연인, 즉 거듭나지 않은 사람은 공허한 영혼을 가지고 있습니다. 하나님이 없기 때문에 그들은 지속적으로 자신의 공허함을 채워줄 무언가를 찾습니다. 그들은 미친 듯이 돈, 섹스, 권력, 부

동산, 스포츠, 취미, 연예, 공부, 명예 등을 쫓습니다. 그러나 이런 것들은 기본적으로 "육체와 마음의 원하는 것을 하는 것"입니다(엡 2:3). 그러나 아우구스티누스가 단언한 것처럼 "하나님은 그분 자신을 위해서 우리를 만드셨기 때문에 그분 안에서 안식을 발견하기 전까지 우리는 쉼을 얻을 수 없습니다."[1] 공허한 영혼은 항상 뭔가를 추구하지만 결코 안식하지 못하며 이것저것을 계속 추구합니다. 하지만 하나님이 우리 마음 가운데 만들어 놓으신 공간을 결국 채우지는 못합니다.

갈급함을 느끼며 뭔가를 찾아 헤매지만 공허한 영혼은 자신의 진정한 필요에는 눈이 멀어 있습니다. 세상에 사는 어떤 것도, 그리고 어떤 사람도 우리에게 영원하고 완전한 만족을 주지는 못합니다. 공허한 영혼은 "해 아래서"(전 1:9) 다른 의지할 만한 곳을 찾지 못합니다. 그런 것은 해 아래 있지 않으며 해 너머 그분이 계신 곳에 있습니다. 솔로몬이 그랬던 것처럼 어떤 사람이나 대상도 처음에는 대단한 것처럼 보이지만, 마지막에는 "다 헛되어 바람을 잡으려는 것"이 되고 맙니다(전 1:14).

그리스도인은 공허한 영혼을 가진 사람을 눈여겨보고는, 그 사람이 찾고 있는 것은 오직 "내가 주는 물을 먹는 자는 영원히 목마르지 아니하리니"(요 4:14)라고 말씀하신 그분 안에서만 찾을 수 있다는 것을 깨닫습니다. 이따금 공허한 영혼이 좀 더 신중하고 영적인 방식으로 뭔가를 찾아 헤매는 모습을 보면서, 그들도 하나님을 향해 목말라하는 것은 아닌가 생각합니다. 그러나 세상 사람들은 그런 갈급함을 가지고 있지 않습니다. 하나님은 다윗 왕과 사도 바울을 감동하셔서 "지각이 있어 하나님을 찾는 자"가 없고 "깨닫는 자도 없"다고 기록하게 하셨습니다(시 14:2, 롬 3:11). 하나님의 성령이 공허한 영혼의 영적인 혀를 만지시지 않다면, 영혼은 절대로 "여호와의 선하심을 맛보아 알"수 없습니다(시 34:8). 사람이 오직 하나님 안에서만 찾을 수 있는 어떤 것을 찾아 나선다 해도 그것만으로는 그가 하나님을 찾고 있음을 의미하지는 않습니다. 사람은 평화를 간절히 구하면서도 평화의 왕에 대해서는 아무런 관심을 가지지 않습니다. 많은 사람이 하나님을 추구한다고 주장하면서도 성경에 계시된 하나님이 아니라, 자신들이 원하는 하나님, 곧 그들이 원하는 것을 해주는 하나님을 갈급해 합니다.

공허한 영혼이 가지는 모순이 있습니다. 다른 많은 삶의 영역에서는 그렇게도 끝없이 불만족스러운 것들을 발견하면서도, 정작 하나님을 추구하는 일에 대해서는 너무나 쉽게 만족해 버린다는 것입니다. 영적인 문제에 대한 그들의 태도는 누가복음 12장 19절에 나오는 사람과 같습니다. 그는 자신의 만족한 영혼에게 이렇게 말합니다. "영혼아 여러 해 쓸 물건을 많이 쌓아 두었으니 평안히 쉬고 먹고 마시고 즐거워하자"

공허한 영혼이 인생에서 갈망하는 것이 무엇이든 그에게는 조나단 에드워즈가 그리스도인들에게 있다고 하는 '하나님과 거룩함을 향한 갈망, 굶주림, 갈급함 속에서 생성되는 거룩한 열망'은 절대로 가질 수 없습니다.[2] 텅 빈 영혼이 이 땅에서 갈급함으로 목말라하지 않다면 그것은 비극입니다. "손가락 끝에 물을 찍어 내 혀를 서늘하게 하소서"라고 한 부자처럼 그는 지옥에서 영원히 목말라할 것입니다(눅 16:24).

메마른 영혼의 갈급함

공허한 영혼과 메마른 영혼은 큰 차이가 있습니다. 전자는 "생수의 강"(요 7:38)을 전혀 경험한 적이 없는 반면에, 후자는 그것을 맛본 적이 있어서 자신이 지금 상실한 것이 무엇인지 알고 있다는 점입니다. 그것은 메마른 영혼이 성령의 내주하시는 임재를 상실할 수도 있다는 말이 아닙니다. 예수님은 "내가 주는 물을 마시는 자는 영원히 목마르지 아니하리니 내가 주는 물은 그 속에서 영생하도록 솟아나는 샘물이 되리라"고 약속하셨습니다(요 4:14). 예수님이 제자들에게 약속하신 생명이 잃을 수 있는 것이라면 예수님은 그것을 '영생'이라고 말씀하시지 않았을 것입니다.

예수님이 그렇게 말씀하셨는데도 어떻게 그리스도 안에 있는 참된 성도가 메마른 영혼이 될 수 있습니까? 존 파이퍼 목사는 어느 날 아침 위의 구절을 읽다가 다음과 같이 울부짖었습니다. "하나님, 대체 이게 무슨 말입니까? 저의 영혼은 너무도 목말라 있고, 저의 교회도 목말라 있는데 영원히 목마르지 않다니 이게 어떻게 된 것입니까? 저와 함께 기도하고 있는 목사들도 마찬가지입니다. 오, 예수님 도대체 무슨 뜻으로 이런 말씀을 하신 건가요?" 본문을 묵상하는 동안 그는 다음과 같은 깨달음을 얻었습니다.

"너희가 나의 물을 마실 때 너희의 갈증이 영원히 없어지는 것은 아니란다. 만일 그랬다면 이후에는 너희가 다시는 내 물을 마시고 싶은 갈증을 느끼지 않았을 것이다. 그것은 나의 목적이 아니다. 나는 스스로 만족하는 성도가 없기를 바란다. 너희가 나의 물을 마실 때 너희 안에는 샘이 하나 생기는데, 그 샘은 너의 갈급함을 해소해주지만 그렇다고 물에 대한 필요가 아예 없어지지는 않는다. 너희가 목마를 때마다 너희에게 물을 줄 준비를 하고 있을 뿐이다. 언제 어디서든 계속, 바로 오늘 아침처럼 이제 나의 생수를 더 마시거라."[3]

그리스도인의 영혼은 다음 세 가지 중 하나 때문에 메마릅니다. 가장 흔한 원인은 사람을 갈수록 메마르게 만드는 세상의 원천에서는 너무 많은 것을 마시면서, 정작 '하나님의 강'에서는 너무도 적은 양의 물을 마신다는 것입니다(시 65:9). 잘못된 것을 마시면 마실수록 우리는 훨씬 더 많은 갈증을 느낄 것입니다.

고등학교 시절 축구 코치가 더운 날 수분 손실을 최소화하기 위해 우리에게 소금을 주곤 했습니다. 그런데 경기가 있던 어느 날,

코치는 소금 효과를 극대화하려고 아예 소금물을 우리에게 주었습니다. 하지만 그것은 결코 좋은 생각이 아니었습니다. 중간 휴식 시간에 저는 배가 터지도록 물을 마셔야 했고, 몸이 너무 무거워 잘 달릴 수도 없었습니다. 그런데도 여전히 목이 말랐습니다.

시편 기자도 영적으로 세상의 짠 물을 많이 마셨던 모양입니다. 그래서 그는 한 장에서 두 번씩이나 엄중하게 자신이 여호와의 말씀에서 떠나지 않겠다는 결심을 하면서도 자신이 온 마음을 다해 하나님을 갈망한다고 말합니다(시 119:10, 145). 특정한 죄에 지나치게 주의를 기울이면서도 하나님과의 교제에 대해서는 거의 주의를 기울이지 않는다면(사실, 이 둘은 종종 동시에 발생합니다) 결국 그리스도인의 영혼은 메말라 갑니다.

하나님의 자녀가 영적으로 메마르게 되는 또 다른 원인은 청교도들의 소위 '하나님의 자신 숨기심'입니다. 하나님이 우리 영혼에 그의 임재를 충만하게 느끼도록 하실 때도 있지만 또 어떤 경우는 그분의 부재에 대한 경험은 우리를 메마르게 합니다.

그러나 결론부터 말하면 하나님이 우리에게서 모습을 감추셨다는 생각은 단지 우리의 느낌일 뿐이지 사실은 전혀 그렇지 않습니다. 실제는 예수님이 약속하신 말씀 그대로입니다. "내가 결코 너희를 버리지 아니하고 너희를 떠나지 아니하리라"(히 13:5). 그렇긴 하지만 그리스도인들은 자신이 하나님에게 버림을 받았다고 느낄 때, 자신이 사망의 음침한 골짜기를 걷고 있거나(시 23:4), 아니면 자신이 십자가에서 "나의 하나님, 나의 하나님, 어찌하여 나를 버리셨나이까"라고 절규하셨던 예수님과 같은 처지라고 믿습니다(마 27:46).

시편 143편 6~7절에 나오는 다윗의 말은 이같이 영적인 사막 가운데서 기도하려고 애쓰는 사람들의 감정을 잘 묘사하고 있습니다.

> 주를 향하여 손을 펴고 내 영혼이 마른 땅 같이 주를 사모하나이다 (셀라)
> 여호와여 속히 내게 응답하소서 내 영이 피곤하니이다
> 주의 얼굴을 내게서 숨기지 마소서

정확한 이유는 알 수 없지만 어쨌든 하나님은 정말 때때로 우리와 멀리 계신 것처럼 느끼게 하십니다. 이것에 관해서는 여기서 길게 논할 주제가[4] 아니므로 윌리엄 거널의 짧은 조언으로 대신하겠습니다. "그리스도인은 뒤로 숨으시는 하나님을 신뢰해야 합니다."[5]

태양이 구름 뒤에 숨었을 때도 태양은 우리가 그 빛을 느낄 때와 마찬가지로 여전히 존재합니다. 어쨌든 이 책과 이번 장의 특수한 목적상 당신이 하나님의 임재가 차단된 상태를 분별할 수 있다는 것은 좋은 일임을 기억해야 합니다. 그런 영적 민감성은 영

적으로 건강하다는 증거입니다.

그리스도인이 영적으로 메마르게 되는 세 번째 원인은 지속적인 정신적, 육체적 피로입니다. 이것에 대한 원인과 치료는 대체로 매우 분명하기 때문에 그것에 대해서는 자세히 설명하지 않겠습니다. 다만 강조하고 싶은 것은 성도라 해도 피곤하고 녹초가 된 상태에서는 영적인 성장을 감지하지 못할 수도 있다는 것입니다. 따라서 그리스도와 자신의 관계에 대한 실망스러운 실체를 보고 깊이 생각하다 보면 피곤을 야기시킨 바로 그 싸움 가운데서도 그는 많은 것을 배울 수 있을지도 모릅니다. 그의 영혼에 다시 햇빛이 찾아들 때 비로소 그는 그런 것들이 자신의 영적 성장에 중요한 전환점이 되었음을 알아차리게 될 것입니다. 거듭 잊지 말아야 할 것은 신선한 물을 갈망하는 것 자체가 곧 성장의 신호라는 점입니다.

원인이 무엇이든 그리스도인의 메마른 영혼은 시편 42편 1~2절의 "사슴이 시냇물을 찾기에 갈급함 같이" 하나님을 향해 목말라하는 성도와 같습니다. 당신이 만일 이런 상태라면 하나님 자신이 주시는 생수 외에 다른 해결책은 없습니다.

제 딸이 세 살이었을 때 놀이 시설이 잘 갖추어진 식당에 간 적이 있습니다. 그때 딸아이는 제게서 떨어져 따로 놀았습니다. 그 아이는 밥 먹는 것보다는 게임기를 가지고 놀고 싶어 했습니다.

아이는 식당 끝 쪽으로 달려갔지만 제가 볼 수 있는 곳에 있었고, 저는 아이를 식탁 있는 곳으로 다시 데려오려고 아이에게 가고 있었습니다. 그런데 갑자기 아이는 자신이 어디 있는지, 그리고 제가 또 어디로 갔는지 몰라 공포에 질린 얼굴로 저를 부르며 울기 시작했습니다. 마치 그 순간은 식당 주인이 딸아이의 울음을 멈추게 할 수만 있다면 식당에 있는 모든 게임기를 무제한으로 사용해도 되고, 모든 장난감을 가져도 된다고 할 만큼 강력한 것이었습니다. 하지만 제가 나타나지 않았다면 그 어떤 것도 딸아이의 두려운 마음을 진정시키지 못했을 것입니다. 제가 없다면 다른 모든 것들이 아이에게 무의미했습니다.

우리가 다시 만났을 때, 딸아이는 제가 자기를 꼭 안아주는 것으로 만족해했습니다. 제가 자기에게 다시 돌아온 것만으로도 만족했던 것입니다. 메마른 영혼의 절규가 바로 이와 같습니다. 다른 것들이 마음을 힘들게 만들었을지 모르지만 지금 중요한 것은 우리의 아버지가 함께 계시다는 것을 아는 것, 곧 그분의 임재에 대한 감각을 되찾는 일입니다.

만족한 영혼과 영적 갈급함

지금은 이 말이 자기모순처럼 들릴지 모르지만, 메마른 영혼과는 달리 만족한 영혼은 하나님으로부터 오는 만족을 알기 때문에 하나님을 향해 목말라 합니다. 그는 "여호와의 선하심을 맛보아"

압니다(시 34:8). 그리고 그 맛은 너무나 독특한 만족을 주기 때문에 더 간절히 구하게 됩니다.

사도 바울은 "그 고난에 참여함을 알고자 하여"라는 그의 유명한 외침 속에 이것을 나타냈습니다(빌 3:10). 그는 이 말 앞에서 예수님에 대한 그의 현재의 지식과 그분과의 관계에 대해 뛸 듯이 기뻐하고 있었습니다.

> 그러나 무엇이든지 내게 유익하던 것을 내가 그리스도를 위하여 다 해로 여길 뿐더러 또한 모든 것을 해로 여김은 내 주 그리스도 예수를 아는 지식이 가장 고상하기 때문이라 내가 그를 위하여 모든 것을 잃어버리고 배설물로 여김은 그리스도를 얻고 (빌 3:7-8).

그런데 바로 한 절 뒤에서 그는 이렇게 부르짖습니다. "그 고난에 참여함을 알고자 하여…." 바울은 예수 그리스도로 인해 영혼의 만족을 누리는 사람이었습니다. 하지만 그는 여전히 그분을 목말라했습니다.

토마스 쉐퍼드는 만족과 갈급함이 반복되는 과정을 이렇게 설명했습니다. "참된 은혜 안에는 무한히 반복되는 과정이 있습니다. 사람은 목말라함으로써 더욱 받게 되고, 받음으로써 더욱 목말라하게 됩니다."[6]

그리스도를 알아가는 것이 영적인 갈증을 해소하는 길입니다.

어떤 사람이나 소유물 또는 경험도 우리가 그분 안에서만 누릴 수 있는 영적 기쁨을 주지는 못하기 때문입니다. 그리스도와의 친밀한 관계는 비할 데 없는 만족을 줍니다. 그분 안에서 발견된 것에는 실망스러운 것이 없기 때문입니다. 또한 그분 안에서 발견하는 영적 만족감은 결코 끝이 없습니다.

이 모든 것에 더해 우리에게 참 만족을 주시는 주님은 무한한 우주입니다. 오직 그분 안에서만 우리는 제한 없이 추구하고 누릴 수 있습니다. 따라서 우리가 그리스도를 알아가면서 누리는 만족은 부족함이 없지만 하나님은 우리가 그리스도를 한두 번 경험한다고 해서 그분에 대한 갈망이 단번에 충족되도록 우리를 만드시지는 않았습니다.

조나단 에드워즈는 그리스도와의 친밀함 가운데 누리는 영적인 유익과 그것으로 인해 만들어지는 더 많은 친밀함에 대한 갈급함의 관계를 다음과 같이 기술했습니다.

> 영적인 유익이란 영혼을 만족케 하는 성질을 가집니다. 바로 이런 이유 때문에 사람들은 더욱 완전히 맛보고 싶어 하는 갈증을 느끼게 됩니다. 영적인 유익을 경험하면 할수록 탁월하고 비길 데 없으며 특별한, 만족스러운 달콤함을 느끼게 될 것입니다. 그래서 사람들은 더 많은 영적인 만족을 얻기 위해 굶주리고 목말라합니다.[7]

당신은 혹시 예배나 경건의 시간 중에 A. W. 토저가 말한 '짜릿한 달콤함'의 황홀한 경험을 한 적이 있습니까?[8] 있다면 오히려 그런 경험이 당신을 더 많이 갈망하게 하는 '거룩한 불만족'의 상태로 남겨 두지는 않았습니까? 아래의 토저의 기도를 통해 당신이 주님을 얼마나 갈망하고 있는지 살펴보십시오.

오 하나님, 저는 당신의 선하심을 맛보았습니다. 그것은 저에게 만족을 주기도 했지만, 오히려 더 큰 갈급함이 생기기도 했습니다. 제게 더 많은 은혜가 필요함을 고통스러울 정도로 인식하고 있습니다. 그러나 아직 제게 당신을 향한 갈망이 부족하다는 사실이 부끄럽습니다. 오 하나님, 삼위일체이신 하나님, 당신을 원하는 마음이 더욱 커지기를 원합니다. 제 안에 당신을 향한 열망이 충만하기를 원합니다. 더욱 목마르게 되기를 원합니다.[9]

그리스도 안에 있는 여러분, 기억하십시오. 이런 열망이 바로 성장하는 영혼의 표지가 됩니다.

영적 갈급함이 주는 축복

이사야 선지자는 "무릇 그를 기다리는(갈망하는) 자마다 복이 있도다"라고 선포했습니다(사 30:18 NASB). 예수님도 "의에 주리고 목마른 자는 복이 있다"고 거듭 말씀하셨습니다(마 5:6). 하나님과 그의 의로우심에 대해 목말라하는 갈망은 축복입니다. 왜 그럴까요?

하나님이 우리에게 영적 갈급함을 주십니다

사람이 하나님을 향해 목말라하는 이유는 성령께서 그 사람 안에서 역사하고 계시기 때문입니다. 그리스도인 안에는 두 인격이 존재합니다. 바로 성령님과 그 자신입니다. 이것은 사도 바울이 설명하고 있는 것과 같습니다. "너희 몸은 너희가 하나님께로부터 받은 바 너희 가운데 계신 성령의 전인 줄을 알지 못하느냐 너희는 너희 자신의 것이 아니라"(고전 6:19).

우리가 어떤 생각을 할지 의식적으로 선택할 수 있는 것처럼 성령님도 그렇게 하실 수 있으며, 또 실제로 그렇게 하십니다. 한 예로 당신이 오늘 저녁에 무슨 일을 해야 할지 잠시 동안 생각하고 결정할 수 있는 것처럼, 성령님도 당신의 마음속에 하나님과 하나님의 일에 대한 생각을 심으실 수 있습니다. 그런 일은 그분이 그리스도인으로 하여금 "영의 일을 생각"하게 만드시는 일 가운데 하나입니다(롬 8:5).[10] 이러한 성령 사역의 또 다른 측면은 영적인 생명력을 나타내는 신호의 또 다른 모습일 뿐만 아니라, 당신으로 하여금 하나님을 향해 목마르게 하고 갈망하게 만드는 일입니다(하나님을 '아바 아버지'로 부르듯이, 롬 8:15).

찰스 스펄전은 갈급함의 축복에 대해 다음과 같이 상세히 설명해 주고 있습니다.

> 어떤 사람이 하나님을 향해 갈망할 때, 그가 그렇게 하도록 만드는 것은 그 사람 안에 있는 비밀스런 생명입니다. 본성대로라면 그는 하나님을 향해 그렇게 열망하지는 않았을 것입니다. 육적인 (거듭나지 않은) 상태에서 하나님을 향해 목말라하는 사람은 아무도 없습니다. 거듭나지 않은 사람은 하나님이 아닌 다른 것을 갈망합니다…당신이 하나님을 갈망한다는 것은 거듭난 본성의 증거입니다. 그것은 당신의 영혼 안에서 일어나고 있는 은혜의 역사이므로 당신은 그것에 대해 감사해야 합니다.[11]

하나님은 영적인 갈급함을 채워 주시기 위해 갈급함을 주십니다

하나님은 우리에게 좌절감을 주려고 갈급함을 불러일으키시지 않습니다. 그분은 스스로 이렇게 선포했습니다. "야곱 자손에게 너희가 나를 혼돈 중에서 찾으라고 이르지 아니하였노라"(사 45:19). 육체를 따라 야곱의 자손인 사람들에게 적용되었던 말씀은 영적 자손인 우리들, 즉 다른 말로 이스라엘의 메시아인 예수님을 믿는 자들에게도 역시 적용됩니다. 하나님은 스스로 갈급함을 창조하시는데, 이것은 그분 자신이 다시 그 갈급함을 채워 주시기 위함입니다. "그가 사모하는 영혼에게 만족을 주시며 주린 영혼에게 좋은 것으로 채워 주"신다는 것이 시편 107편 9절의 약속입니다. 예수님은 우리에게 "의에 주리고 목마른 자는 복이 있나니 그들이 배부를 것임이요"라고 확증하셨습니다(마 5:6).

경건한 자에게는 사람들이 알 수도 없고 상상할 수도 없는 행복이 준비되어 있다고 조나단 에드워즈는 성경에 의거해 강조했습니다.[12] 그리고 "의심할 여지없이 오직 하나님은 그의 목적을 영광스럽고 완전하게 달성하실 것"이라고 말했습니다.[13] 하나님이 상상할 수도 없는 충만한 기쁨을 우리에게 주시기 위해 우리를 지으셨으며, 그것에 대한 갈망을 우리 안에 심어 주셨다면 다음과 같은 사실들을 확신할 필요가 있습니다.

> 하나님은 인간을 커다란 행복을 누릴 수 있는 존재로 만드셨습니다. 그 일은 분명 헛되이 행하신 것이 아닙니다. 만일 하나님이 채워 주실 의향도 없이 무언가를 채워야 하는 커다란 공간을 갖도록 인간을 창조하셨다면, 인간은 영원히 채워지지 않는 그 공간 때문에 항상 공허감과 불행을 느낄 것입니다. 그런 관점에서 본다면 사람은 창조 때에 불완전한 상태로 남아 있도록 계획된 것이고, 절대 온전히 채워질 수 없는 비어 있는 용기로 만들어졌다고 생각할 수도 있지 않을까요? … 그러나 하나님은 사람을 아주 커다란 행복이 아니고는 어떤 것으로도 채울 수 없는 열망과

욕망을 가진 존재로 창조하셨습니다. 이처럼 사람은 처음부터 커다란 축복을 받는 존재로 계획되었던 것 같습니다 … 하나님은 열정적인 갈망을 사람 속에 창조해 넣으셨는데, 그분이 그것을 창조하실 때 동시에 그 갈망의 대상을 창조하지 않으셨을 리 없습니다. 결코 만족시킬 수 없는 갈망이 있다면 그것은 영원한 고통일 것입니다.[14]

조나단 에드워즈는 물론 이런 '열망과 갈망'은 하나님에 대한 그리스도인의 갈급함이고, 이것은 오직 천국에 계신 주님 자신을 영원히, 부족함 없이, 그리고 얼굴을 대면하여 즐거워할 때에만 완전히 그리고 궁극적으로 만족될 수 있는 갈망이라고 주장했습니다.

우리는 모든 성도들이 언젠가 아주 굉장한 영광을 누리게 될 것을 머리로 너무나 분명하게 알고 있으므로, 의심할 여지없이 죽음 이후의 미래가 있음을 압니다. 우리는 성도들이 이 세상에 있을 때 그런 굉장한 영광을 누리지 못하고 있는 것을 보고 있기 때문입니다…이 세상에서 그들이 누리는 모든 영적인 즐거움은 단지 하나님을 보다 더 많이 누리고자 하는 그들의 욕망과 갈급함에 불을 붙이는 것에 불과합니다. 그들이 미래의 삶이란 존재하지 않는 것이라고 믿고 있다면 그것은 단지 그들의 비참함을 더해 줄 뿐입니다. 생이 끝나면 그들이 다시는 하나님으로 인해 즐거워할 수 없는 운명이 된다고 생각할 것이기 때문입니다. 전능하신 분, 그분으로 인해 즐거워하면서 행복해 하는, 바로 그런 목적을 위해 사람을 창조하신 하나님은 얼마나 선하신지요![15]

그의 영광을 바라보면서 믿는 자들은 이렇게 증언할 것입니다. "그들이 주의 집에 있는 살진 것으로 풍족할 것이라 주께서 주의 복락의 강물을 마시게 하시리이다"(시 36:8).
당신은 하나님을 갈망하십니까? 갈급함은 천국의 본향을 향해 가는 영혼의 성장을 위해 하나님이 선택하신 계획의 일부입니다.

갈급함을 갖기 위한 3가지 방법

만일 당신이 하나님을 향해 진정으로 갈급함을 가지고 있다면 당신은 훨씬 더 간절히 갈망할 것입니다. 에드워즈가 주장한 것처럼 "거룩함을 추구하는 진실하고 은혜로운 갈망은 무익하거나 헛되지 않습니다."[16]

1. 성경을 묵상하십시오. 단지 성경을 읽는 것이 아니라, '묵상해야' 한다는 점을 주의하십시오. 주님이 주시는 기쁨을 누리지

못하는 사람들 가운데는 성경을 묵상하지 않는 사람들이 상당히 많은 것을 볼 수 있습니다. 묵상을 함께 하지 않은 채 "단순히 하나님 말씀을 읽기만 한다면 마치 물이 수도관을 흘러 지나가는 것처럼 말씀은 우리 마음을 그냥 스쳐 지나갈 뿐"이라고 조지 뮬러는 경고했습니다.[17]

하루를 기준으로 당신의 마음에 부단하게 유입되는 정보들, 즉 보고, 읽고, 듣는 모든 것들에 대해 생각해 보십시오. 대부분 우리는 계속적으로 유입되는 '과중한 정보'와 힘겨운 싸움을 벌이고 있습니다. 주의하지 않으면, 성경의 단서들도 우리의 생각 속을 흐르며, 계속 커져만 가는 정보의 물결에 던져진 또 다른 정보에 지나지 않게 될 수도 있습니다. 그 말씀이 수도관 물살에 쓸려가듯이 그냥 지나쳐갈 때, 그냥 읽기만 했던 것은 거의 우리의 기억 속에 남아 있지 않을 것입니다. 그러므로 즉시 우리 앞에 놓여 있는 것에 초점을 옮겨 놓아야만 합니다.

우리 머릿속에 흐르는 과정도 그와 마찬가지여야 합니다. 우리가 만일 읽고 있는 것을 흡수하지 않다면, 그것에 의해 전혀 영향을 받지 않을 것입니다. 그러나 우리의 생각 속에 흐르는 어떤 것을 우리가 흡수할 때 비로소 그것은 하늘로부터 온 영감 있는 말씀이 될 것입니다. 하나님의 말씀의 물을 흡수하지 않고서는 우리 영혼의 갈증을 해소할 방법이 없습니다. 묵상은 그렇게 말씀을 흡수하는 수단이 됩니다.

　말씀을 읽는 시간의 25퍼센트 내지 50퍼센트는 읽은 말씀 중 어떤 특정한 구절이나 구, 또는 단어를 묵상하는 데 사용하십시오. 그것에 대해 질문을 던지십시오. 필요하다면 필기도구를 가지고 그것에 대해 종이 위에 메모도 하고 생각나는 대로 써보십시오. 그 말씀을 적용하거나 그대로 살 수 있는 방법을 적어도 한 가지 이상 찾고, 말씀을 더 깊이 묵상하십시오. 당신의 영혼이 말씀 안에 서서히 잠기도록 하십시오. 그러면 그것이 당신에게 새 힘을 줄 뿐만 아니라 더 많은 것을 얻고자 하는 갈증을 불러일으킨다는 것을 알게 될 것입니다.[18]

　2. 성경을 가지고 기도하십시오. 성경의 한 부분을 읽은 다음, 같은 쪽에 있는 한 부분을 가지고 기도하십시오. 하루에 성경을 한 장 읽든, 여러 장 읽든 읽은 다음 그 중 한 부분을 선택하고, 한 구절 한 구절 그 말씀이 기도가 되어 날개를 달고 하나님을 향해 날아가도록 하십시오.

　성경 어느 부분을 가지고 기도해도 상관없습니다. 성경의 어느 부분을 읽었는지는 중요하지 않습니다. 그러나 가급적 시편 중 한 편을 펴서 그것을 가지고 기도해 볼 것을 권합니다. 시편은 하나님이 영감을 주셔서 만들어진 이스라엘의 찬양집입니다. 게다가

신약에서는 두 번이나 시편을 가지고 노래할 것을 그리스도인들에게 명령하고 있습니다(엡 5:19, 골 3:16). 성경에 있는 다른 책들과는 달리 시편은 하나님을 향해 다시 올려지도록 하기 위한 분명한 목적을 가지고 쓰인 영감 있는 하나님의 말씀입니다.

예를 들어 시편 63편을 가지고 기도를 시작한다고 해보겠습니다. 첫 구절은 이렇습니다.

> 하나님이여 주는 나의 하나님이시라
> 내가 간절히 주를 찾되
> 물이 없어 마르고 황폐한 땅에서
> 내 영혼이 주를 갈망하며
> 내 육체가 주를 앙모하나이다

주님이 나의 하나님이심을 고백하는 것으로 기도를 시작할 수 있을 것입니다. 그런 다음 하나님이 하나님 되심으로 인해 단순히 즐거워하십시오. 다음은 하나님을 향한 갈급함이 얼마나 큰 축복인가를 인정하면서 그분에 대한 영혼의 갈급함과 소망을 표현하십시오. 이런 식으로 계속해서 시편을 가지고 기도할 수 있습니다. 본문이 말씀하는 것이나 당신의 마음에 와 닿는 것을 가지고 기도하면 됩니다. 어떤 구절을 읽을 때 아무런 생각도 떠오르지 않으면 다음으로 계속 넘어갑니다.

시편의 시적이고 감정적이며, 영적으로 투명한 요소들은 종종 한데 어우러져서 하나님을 향해 솟아올라 열정으로 불붙게 만들어 줍니다. 시편은 사람의 모든 감정 영역을 실제적으로 다루면서 영적으로 어떤 처지에 있든지 우리가 하늘을 향해 나아가도록 인도해 줄 것입니다. 시편을 읽으면서 기도하는 것만큼 하나님을 향한 나의 갈망을 그렇게 지속적으로 새롭게 해주고, 하나님과의 실제적인 사귐 가운데로 저를 이끌어 주는 것은 없었습니다.[19]

3. 우리의 영적 목마름을 해결해 주는 작가들의 책을 읽으십시오. 하나님의 감동으로 기록된 성경을 읽은 다음에는 우리 영혼의 갈급함을 해결해 줄 수 있는 그리스도인 작가들의 고전 작품을 읽으면 도움이 됩니다.

예를 들어 《기도의 골짜기》라는 청교도들의 기도와 묵상 글 모음집[20]이나 존 번연의 《천로역정》, 존 오웬이나 리처드 십스, 토마스 브룩, 존 플라벨, 토마스 왓슨 등의 청교도 작가들의 책을 많이 읽으십시오. 조나단 에드워즈와 찰스 스펄전의 책과 설교집도 마찬가지입니다. 교회가 세상에 존재하는 한 그들의 책들은 소중하게 간직될 것입니다. 보다 최근에 나온 책으로는 A. W. 토저의 책들이 우리 마음에 찔림을 주면서도 동시에 활력을 줍니다. 또 존 파이퍼의 글들은 신령함과 진리가 강렬하게 결합되어 있습니다.

주님이 저의 친구 T. W. 헌트에게 그렇게 하셨던 것처럼, 당신에게도 그분을 향한 영적인 목마름을 평생 동안 갖는 복을 주시기 바랍니다. 하나님은 분명히 우리의 갈급함을 만족시켜 주실 것입니다.

영적 처방을 위한 첫 번째 질문

하나님을 향한 갈급함이 있습니까?

1. 당신의 영혼이 목마르다는 것은 성장하고 있다는 신호입니다. 당신은 지금 하나님을 향한 갈급함이 있습니까?

2. 어떤 때는 하나님이 당신에게 하나님의 임재를 충만하게 느끼도록 하실 때가 있습니다. 하지만 다른 때는 하나님의 임재를 느끼지 못하도록 당신을 메마르게도 만드십니다. 당신은 숨어 계신 하나님을 경험한 적이 있습니까? 이러한 당신의 경험을 나누어 보십시오.

3. 성경 말씀 한 구절 한 구절이 당신의 기도가 되어 날개를 달고 하나님을 향해 날아가도록 하십시오. 요즘 당신이 붙잡고 기도하는 성경 말씀은 어떤 말씀입니까?

두 번째 영적 건강 처방전

하나님의 말씀을
지속적으로 듣고 있습니까?

다가오는 영원한 세상을 위해 반드시 준비해야 할 것은
성경이 우리에게 말하는 것을 믿고,
성경이 우리에게 명하는 것을 행하는 것입니다.

토마스 차머스

세상에서 취할 수 있는 가장 값진 물건은 무엇일까요?

아마도 다이아몬드, 모나리자 그림, 미켈란젤로의 다비드 조각상, 또는 투탕카멘왕의 무덤에 있는 황금 가면 같은 것을 생각할지도 모릅니다. 물론 이런 것들은 값이 나가는 것들입니다. 하지만 갈급함과 배고픔으로 시름시름 죽어 가고 있는 사람에게라면 그런 것들이 무슨 가치가 있겠습니까? 그런 사람들에게는 그것이 세상에서 가장 귀한 보배라 해도 전혀 무가치한 것이 되고 맙니다.

사람들은 세상에 음식이나 물이 존재하는 것을 아주 당연하게 생각하지만, 이것들은 생명을 유지하기 위해 반드시 필요한 것들입니다. 음식과 물이 없다면 어떤 생명도 살아남을 수 없습니다.

누군가 제게 이 세상에서 가장 값진 물건을 하나만 선택하시라고 한다면 저는 주저하지 않고 성경을 고르겠습니다. 하나님의 말씀은 에베소서 5장 26절의 말씀처럼 세상의 물과 같은 것입니다. 그것은 또한 음식입니다. 그래서 예레미야 선지자는 하나님께 이렇게 고백했습니다. "내가 주의 말씀을 얻어 먹었사오니 주의 말씀은 내게 기쁨과 내 마음의 즐거움이오나"(렘 15:16). 예수님 자신도 "사람이 떡으로만 살 것이 아니요 하나님의 입으로부터 나오는 모든 말씀으로 살 것"이라고 선언하셨습니다(마 4:4). 우리 몸은 음식을 먹지 않으면 며칠도 못 가 죽게 됩니다. 이와 마찬가지로 영혼의 양식이 없다면 우리는 영원히 멸망하게 될 것입니다.

음식과 물은 생명을 유지하는 데 필수입니다. 그러나 생명에는 이것 말고도 기본적인 것들이 더 필요합니다. 그래서 하나님의 말씀은 빛(시 119:105), 불과 방망이(렘 23:29), 병기(엡 6:17), 씨앗(벧전 1:23)이라고도 했습니다. 더군다나 하나님의 말씀은 완전하고, 확실하며, 정직하고, 순결하고, 정결하며, 의로우니, 꿀과 송이 꿀보다 더 달고, 금 곧 많은 순금보다 더 사모할 것입니다(시 19:7-10). 정말로 시편 기자는 "주의 입의 법이 내게는 천천 금은보다 좋으니이다"라고 외쳤습니다(시 119:72). 하나님의 말씀은 영혼을 소성케 하고, 우둔한 자를 지혜롭게 하며, 마음을 기쁘게 하고, 눈을 밝게 해줍니다(시 19:7-9). 성경은 다른 종교서적이나 세속적인 책들과는 다릅니다.

하나님의 말씀은 살아 있고 활력이 있어 좌우에 날선 어떤 검보다도 예리하여 혼과 영과 및 관절과 골수를 찔러 쪼개기까지 하며 또 마음의 생각과 뜻을 판단하나니 (히 4:12).

기록된 하나님의 말씀과 하나님 자신은 거의 동일합니다. 하나님은 말씀을 통해 당신 자신을 분명하게 알리시며, 그리스도를 통해 그분에게로 가는 길을 우리에게 선포하십니다. 하나님에 대한 지식이 없다면 이 땅에서의 삶이 아무리 장구하고 번성한다 해도, 그 인생은 무의미하며 무가치합니다. 세상에 있는 어떤 것도 성경보다 더 값진 것은 없습니다. 성경 외의 그 어떤 것도 본질적인 것, 또는 영원한 어떤 것을 제공해 줄 수 없기 때문입니다.

성경의 비할 데 없는 가치를 고려한다면, 그리스도인이 매일 삶에서 늘 성경의 영향을 받아야 한다는 것은 아무리 강조해도 지나치지 않습니다.

하나님의 말씀은 하늘 아버지의 자녀들이 그의 완전한 아들의 형상을 점점 더 닮아 성장하도록 하기 위해 먹이시는 만나입니다. 그래서 주님은 우리에게 "갓난 아기들 같이 순전하고 신령한 젖을 사모하라 이는 그로 말미암아 너희로 구원에 이르도록 자라게 하려 함이라"(벧전 2:2)고 말씀하십니다.

예수님 당대의 바리새인들과 우리 시대의 사이비 집단들은 예수님을 닮기 위해 성경 지식을 마구 주입함으로써 빚어진 왜곡된 결과들입니다. 하지만 반대로 성경 말씀을 가까이 하지 않는다면 그만큼 하나님의 아들을 닮지 못한다는 것도 사실입니다. 때문에 우리가 자신의 영적인 건강과 성장을 평가하기 위해 물어야 할 것은 '나는 하나님의 말씀에 지속적으로 지배를 받고 있습니까?'라는 질문입니다.

말씀의 진리를 추구하는 삶

당신은 성경이 삶의 구체적인 영역에 대해 어떻게 말하고 있는지 스스로에게 질문을 던지고 있습니까? 어떤 상황을 성경적으로 해석할 때 당신의 영적 리더나 당신보다 성숙한 사람들에게 도움을 요청합니까? 실제로 하나님의 뜻을 구하면서 성경을 읽는 것이 습관처럼 되어 있습니까?

그리스도인이라고 고백하는 사람들 중에서도 많은 이들이 세월을 대충 흘려보냈습니다. 그들은 말씀 속에서 새로운 것을 발견하고 그것으로 믿음이나 습관이 변화된 경험이 전혀 없는 사람들입니다. 그들은 자신이 몇 년 전과 똑같은 믿음을 가지고 신앙생활을 하고 있다고 말합니다. 또한 교회에 갈 때 성경책을 가지고 다니지만 성경이 그들의 일상생활에 변화를 주었던 마지막 때가 언제인지 말하지 못합니다. 그들이 매일 성경을 읽는 사람들일 수도 있고, 단지 일주일에 한두 번 설교만 들으면서 지냈을 수도 있습니다. 하지만 아무리 성경을 많이 접했다고 해도 그것은 허공에 내뱉은 말이 아무런 자취를 남기지 않는 것처럼, 그들에게 아무런 감동을 남기지 않을 것입니다. 그들은 하나님의 말씀에 따라 매일의 삶을 신중하게 살아가지 못합니다.

옥타비우스 윈슬로우는 《개인의 탈선과 영혼의 종교적 회복》에서 이런 영적 퇴보에 빠진 사람들에 대해 좀 더 상세하게 설명합니다.

> 그리스도인이라고 고백하는 사람이 아무런 영적인 맛도 모르면서 성경을 읽고 있다면, 혹은 거룩하게 순종하는 길을 걷기 위한 신실한 열망이 아닌, 단순히 호기심이나 문학적인 기호와 목적을 가지고 성경을 읽고 있다면, 그는 영적으로 퇴보하고 있는 것입니다. 성도의 영적 상태는 그가 '어떤 관점으로 성경을 대하는가'를 보면 잘 알 수 있습니다. 사람들은 다음과 같은 깊은 확신 없이 성경을 다른 책과 마찬가지로 그냥 읽을 수도 있습니다. "모든 성경은 하나님의 감동으로 된 것으로 교훈과 책망과 바르게 함과 의로 교육하기에 유익하니 이는 하나님의 사람으로 온전하게 하며 모든 선한 일을 행할 능력을 갖추게 하려 함이라"(딤후 3:16-17). 사람들은 성경을 읽으면서 아무런 영적인 맛도 느끼지 못할 수도 있습니다. 그들은 그것을 기도로 승화시키지도 않으며, 그것을 마음에 소중하게 간직하면서 성경이 말씀하신 규례와 귀중한 약속, 달콤한 위로, 신실한 경고, 애정 어린 권고와 부드러운 책망을 매일 실천에 옮기려고 하지 않습니다.[1]

성경과의 만남이 거의 없거나 있다 하더라도 판에 박힌 일상처럼 습관적인 읽기만으로 만족하는 사람은 영적인 퇴보보다도 더 나쁜 상태에 놓여 있다고 할 수 있습니다. 진실한 성도의 특징은 하나님의 진리를 단지 감탄해할 뿐만 아니라 그것을 사랑하는 사람이라고 성경은 말합니다. 시편 119편 기자는 반복적으로 다음과 같이 말합니다.

- 내가 사랑하는 주의 계명들을 스스로 즐거워하며(47절).
- 내가 사랑하는 주의 계명들을 향하여 내 손을 들고 주의 율례들을 작은 소리로 읊조리리이다(48절).
- 내가 주의 법을 어찌 그리 사랑하는지요 내가 그것을 종일 작은 소리로 읊조리나이다(97절).
- 내가 두 마음 품는 자들을 미워하고 주의 법을 사랑하나이다(113절).
- 주께서 세상의 모든 악인들을 찌꺼기 같이 버리시니 그러므로 내가 주의 증거들을 사랑하나이다(119절).
- 그러므로 내가 주의 계명들을 금 곧 순금보다 더 사랑하나이다(127절).
- 나는 거짓을 미워하며 싫어하고 주의 율법을 사랑하나이다(163절).

이와는 반대로 성경은 예수님을 믿지 않는 사람들에 대해 "불의의 모든 속임으로 멸망하는 자들에게 있으리니 이는 그들이 진리의 사랑을 받지 아니하여 구원함을 받지 못함이라"라고 말합니다(살후 2:10). 존 파이퍼는 "진리를 사랑하는 것은 멸망하느냐 구원을 받느냐의 문제로, 진리에 대한 무관심은 영적 죽음의 표지입니다"라고 말했습니다.[2]

당신은 성경의 진리에 대해 무관심합니까? 영적으로 퇴보하고 있지는 않습니까? 또는 하나님의 말씀이 당신의 삶에 계속적으로 영향을 주고 있습니까?

당신은 예수님을 더 닮고 싶은 마음으로 이 책을 읽고 있을 것입니다. 그렇지 않습니까? 예수님은 어릴 적부터 이 세상에 사시는 동안 성경으로부터 어떤 영향을 받았을까요?

말씀의 지배를 받으시다

말씀이 육신을 입고 오셨던 예수님은 기록된 하나님의 말씀에 지속적인 지배를 받으셨습니다(요 1:1). 예수님이 공생애를 시작하시기 전 세례를 받고나서 사탄에게 시험받으시는 장면이 나옵니다. 그런 시험의 혹독한 시련 가운데서도 예수님은 오직 성경만을 의지했습니다. 그분은 마귀의 교묘한 속임수를 계속 반복해서

"기록되었으되"라는 말씀으로 물리치셨습니다(마 4:1-11).

예수님은 속으로 이렇게 생각하셨을 수도 있습니다. "보아라 사탄, 나는 그저 사람에 불과한 존재가 아님을 너도 잘 알 텐데? 나는 하나님이다. 하나님은 시험을 당하지 않아. 그러니 너는 시간 낭비하고 있는 거야." 또한 그분은 이렇게 주장하실 수도 있었을 것입니다. "이쯤 되면 나를 이길 수 없다는 것을 깨달았을 텐데? 내가 너보다는 훨씬 더 능력이 많단 말이야."

그분은 엘리야가 바알의 선지자들과 대면했던 것과 비슷하게 시합을 한번 해보자고 사탄에게 도전할 수도 있었을 것입니다(왕상 18:20-40). 하지만 예수님은 이런 것들 대신 그가 필요로 하는 모든 것은 하나님 아버지가 하신 말씀 안에 있다는 것을 알고 있었습니다. 그러므로 그분은 바로 시험을 당하는 자리에서 신명기 8장 3절 말씀으로 원수에게 대적하셨습니다. "사람이 떡으로만 살 것이 아니요 하나님의 입으로부터 나오는 모든 말씀으로 살 것이라"(마 4:4).

복음서 전체를 보면 우리는 예수님이 성경을 인용하시면서 자주 "너희는 전혀 읽어본 적이 없느냐?"라고 물으시는 모습을 발견하게 됩니다. 그분은 성경을 친숙하게 알고 계셨습니다. 왜 그러셨을까요? 그분은 하나님이시며, 성경의 저자이시기 때문입니다. 하지만 우리는 너무 자주 예수님은 하나님이시기 때문에 구약성경을 통달하고 계실 것이라고 생각합니다. 그분은 조금도 모자람이 없는 하나님이심은 사실이지만, 우리와 동일한 방법으로 어릴 적부터 성경을 읽고 배우셨습니다. 또한 예수님은 인간으로서 자신이 알고 있는 성경을 적용하셨습니다.

예수님이 이렇게 말씀의 지배를 받으셨다면 마찬가지로 예수님을 따르는 사람들도 말씀의 지배를 받는 것이 당연합니다. 예수님을 닮아 가는 사람들이라면 세월이 흘러감에 따라 점점 더 '하나님의 입에서 나오는 모든 말씀'을 따라 살아야 합니다.

"마땅히 율법과 증거의 말씀을 따를지니"

선지자 이사야가 살던 시대에도 우리가 사는 시대와 별로 다를 것이 없었습니다. 사람들이 대부분 아주 엉뚱한 곳에서 해답을 찾자, 이사야는 그의 말을 듣는 사람들에게 "마땅히 율법과 증거의 말씀을 따를지니"라고 가르쳤습니다(사 8:20). "그들이 말하는 바가 이 말씀에 맞지 아니하면 그들이 정녕 아침 빛을 보지 못"한다고 그는 경고했습니다. 다른 말로 하면 만일 사람들이 하나님의 말씀으로 인도를 받지 않다면, 그것은 그들이 영적인 어둠 속에 있기 때문입니다. 그럴 경우 하나님의 영의 빛은 그들 속에 있는 어둠을 물러가게 하지 못합니다.

하나님의 영이 함께 거하시는 사람은 점점 더 예수님을 닮도록 자라갈 것이기 때문에 그들은 보다 민첩하게, 그리고 더 자주 "율법과 증거의 말씀을 따라" 생각할 것입니다. 어떤 것에 대한 의문을 가지고 있거나 아주 평범한 문제들을 취급할 때에도 당신은 언제나 "성경은 무엇이라고 말하고 있습니까?"라는 질문을 스스로에게 던질 것입니다.

내 아이를 어떻게 양육해야 할까요?
지도자를 뽑는 선거에서는 어떻게 투표를 해야 할까요?
내가 이 물건을 꼭 사야 할까요?
교회를 선택하는 올바른 기준은 무엇일까요?
이분이 우리 교회의 새로운 목회자로 적합할까요?
우리 교회와 나는 어떻게 복음을 가지고 사람들에게 다가가야 할까요?
직장에서 보내는 시간이 어느 정도가 되어야 과도한 것이 되지 않을까요?
은퇴하면 무엇을 하면서 살아야 할까요?

이렇게 큰일이든 작은 일이든, 중요한 선택이든 사소한 선택이든, 우리 삶의 모든 것이 하나님의 말씀으로 지배를 받아야 합니다.
그렇게 살기 위해서는 성경을 부지런히 읽고 공부해야 합니다. 이것이 바로 그 유명한 시편 119편 105절의 말씀이 의미하는 것입니다. "주의 말씀은 내 발에 등이요 내 길에 빛이니이다" 우리가 어디를 가든, 그리고 어떤 결정을 앞에 두고 있든 인생의 길은 하나님의 말씀에 의해 조명을 받아야 합니다. 그 외의 다른 삶의 방식은 어둠 속을 걸어가는 것과 같습니다.

물론 항상 완벽하게 성경대로 사는 그리스도인은 있을 수 없습니다. 오직 예수님만이 그렇게 사셨습니다. 그러므로 성경에 의해 지배를 받는다는 것은 다음과 같은 의미를 지닙니다. 첫째는 예수님을 참되게 따르는 사람에게 나타나는 일반적인 모습이며, 둘째는 그리스도인이 성장해 가는 과정 속에서 나타나는 모습입니다.

실제로, 성경의 특정한 본문들이 주는 가르침을 통해 신념이나 행동들이 점차 변화되어 가는 것을 자주 느끼게 된다면, 하나님의 말씀이 점점 더 영향을 미치고 있다는 증거입니다. 사도행전 18장 26절에 나오는 아볼로처럼 당신은 자신이 교리적인 오류를 고수하고 있다가 "하나님의 도를 더 정확하게" 알게 되자 입장을 바꾸었던 때를 회상할 수 있을 것입니다. 또 성경의 진리를 새롭게 깨닫게 되면서 어떤 행동이나 습관을 중단하거나 시작했던 전환점을 기억하고 있을 것입니다.

필자에게 있었던 이런 일에 대한 간증은 이미 1장 끝부분에서 언급한 적이 있습니다. 즉 제가 하나님의 말씀, 특별히 시편을 기도의 지침으로 삼았을 때 어떻게 성경이 점차적으로 제 기도의 삶을 지배하게 되었는가에 대한 이야기입니다.

여기서 저의 간증을 하나 더 소개하고 싶습니다. 저는 목회를 처음 시작한 이후 19년 동안 성경말씀에 기초해서 예배를 평가하기보다는, 제가 개인적으로 좋아하는 취향과 편의, 그리고 "이런 것 때문에 사람들이 불쾌해 하지는 않을까?" 하는 생각에 기초해서 예배에 적합한 것과 부적합한 것을 평가했습니다. 제가 생각하고 있던 것에 대해 반대하는 내용만 성경에 없다면, 저는 그것이 예배에 적합한 것이라고 생각했습니다.

예배를 위해 누가 어떤 것을 제안할 때, 저는 하나님의 말씀에 지배받는 좀 더 사려 깊은 성경적 방식이란, 그것이 공적인 예배의 일부가 될 수 있는지를 성경에서 긍정적 암시를 찾아내는 것이라고 생각했습니다. 그래서 저는 "성경에 그것을 금지하는 어떤 조항이 있습니까?"라고 묻기보다는 오히려 "예배 중에 이런 활동을 하는 것이 성경적인가?"라고 질문하는 법을 배웠습니다. 이것은 굉장한 차이가 있었습니다. 예를 들어 저는 예배 중에 이전보다 더 많이 시편을 부를 수 있는 동기를 얻었습니다(엡 5:19, 골 3:16).

주님이 저의 삶을 그분의 말씀으로 어떻게 다시 빚으시는지 알게 하는 또 다른 예가 있습니다. 그것은 주일에 대한 저의 믿음과 습관에 관련된 것입니다.

제가 아는 대부분의 보수적인 그리스도인들은 성경에 근거해서 주일을 지키고 있지 않는 것 같습니다. 그들은 자신이 속한 문화에 따라 주일성수를 하면서도 동시에 가족문화, 교회문화, 또는 일반적인 사회문화를 근거로 나름의 생활방식을 선택합니다. 그렇기 때문에 그들은 대형 마트에 갈 때, 축구 구경을 하거나 골프를 칠 때, 그리고 외식을 하거나 낮잠을 잘 때, 청소를 하거나 그 밖의 어떤 일을 할 때 성경이 말하는 것을 따르기보다는 오히려 가족이나 교회의 전통, 또는 지역사회의 전통을 따릅니다.

만일 모든 교인들이 주일에 월드컵 경기에 대해 서로 얘기를 하면서 구경을 한다면, 나머지 사람들도 아마 똑같이 따라 할 것입니다. 만일 그들이 그 경기를 보고 있지 않다면, 그것은 단지 그들이 축구를 좋아하지 않거나 다른 해야 할 일이 있기 때문이지, 특별히 성경적인 말씀을 의식하면서 내린 결정은 아닐 것입니다.

성경을 통해 이 문제들을 살펴보았을 때 비로소 주일에 대한 저의 습관이 변화되었습니다. 성경은 이 문제에 대해 저의 영혼과 몸, 그리고 가족에게 새 힘을 주고 회복시켜 주며, 기운을 북돋워 주는 길을 제시했습니다. 간단히 말하면, 주일에 우리에게 주어진 가장 큰 특권이자 우선되는 의무는 그분의 백성들과 함께 하나님께 예배드리는 것이라는 사실입니다. 또한 성경은 한 주의 첫날을 "주의 날"이라고 부르고 있으므로, 그날은 오로지 주님만을 위해 지켜져야 하며, 모든 활동은 이런 사실에 의해 평가되어야 합니다 (계 1:10). 따라서 당신이 주일을 어떻게 보내기로 선택하든지 저는 당신이 하나님의 말씀에 근거해서 결정하고 행동해 주기를 간절히 바랍니다.

이처럼 성경은 성도들의 삶 가운데 일어나는 모든 일들에 대한 잣대와 평가기준이 되어야 합니다. 하나님은 그의 말씀이 모든 선한 일을 하도록 우리를 인도해 준다고 단언하십니다.

모든 성경은 하나님의 감동으로 된 것으로 교훈과 책망과 바르게 함과 의로 교육하기에 유익하니 이는 하나님의 사람으로 온전하게 하며 모든 선한 일을 행할 능력을 갖추게 하려 함이라 (딤후 3:16-17).

다음은 이런 엄청나게 중요한 진리를 당신이 확증할 수 있는 기초적인 몇 가지 방법을 제시하겠습니다.

하나님의 말씀을 의뢰하는
네 가지 방법

1. 하나님의 말씀에 대한 열망을 심화시키십시오. 당신은 자신을 성장하게 하는 순전한 말씀의 젖을 사모하십니까(벧전 2:2)? 영적 양식이 없다면 영적인 성장도 없습니다. 그리고 하나님의 양식에 대한 입맛을 얻고, 성령이 주신 소망을 개발하는 최선의 길 중 하나는 단순하게 자신이 그것을 즐기도록 훈련하는 것입니다. 성

경 자체보다 더 성경에 대해 배고픔을 느끼게 하는 것은 없습니다.

신앙생활을 처음 시작하는 상태라면 성경에 충실하고, 가슴에 와 닿으며 양심을 깨우는 설교가 있는 교회에 다니고 있는가를 진단해 보십시오.

저는 요즘 거의 매주 다른 교회에서 설교를 하고 있는데, 어떤 도시에 가서는 제 자신에게 이런 질문을 해봅니다. "내가 만일 이곳에 산다면 나는 무엇을 할 것인가?" 가끔 어느 교회에 가면 하나님의 말씀이 메말라 있다는 것이 명백하게 보이기 때문입니다. 어쩌면 당신이 그런 교회에 다니고 있는지도 모르겠습니다. 아니면 너무 오랫동안 한결같이 빈약한 설교를 들어왔는지도 모릅니다. 때문에 영적으로 거의 무기력한 상태가 되어 아무런 행동도 취하지 못하는 상태에 놓여 있을 수도 있습니다. 하지만 포기하지 마십시오. 그리고 책임을 회피하지 마십시오. 반드시 본인 교회의 설교만이 아니라 라디오와 테이프, CD, 인터넷 상의 오디오 설교 등을 통해 좋은 양식을 얻을 수도 있습니다.

다시 한 번 말하지만 성경을 가지고 기도하는 것은 성경에 대한 열망을 다시 불붙이는 탁월한 방법입니다. 그리고 한 번 더 얘기하면 성경을 그저 읽기만 해서는 안 되며 반드시 묵상을 해야 합니다. 읽은 말씀 가운데 적어도 한 구절을 선택해서 묵상하고 그 말씀이 예수님에 대해서 뭐라고 말하는지, 그분과 어떻게 더 깊은 교제를 경험할 수 있는지, 그 말씀이 어떤 상황이나 사람을 위해 기도할 때 근거가 될 수 있을지 당신 자신의 말로 그 말씀을 다시 적어 보십시오. 적어도 한 가지 이상 그 말씀을 어떻게 적용할 수 있는지 찾아보십시오. 성경을 묵상할 때 주시는 놀라운 약속들이 있습니다(수 1:8, 시 1:1-3, 약 1:25). 성경을 가지고 기도하는 것이 기도 생활에 새로운 활력을 줄 수 있는 것처럼, 말씀 묵상은 당신이 어떤 형태로 성경을 읽든지 새로운 생명을 줄 것입니다.

그리고 만일 특별히 하나님의 말씀에 대한 열망에 관해 인도함을 받기 원한다면, 시편 119편을 가지고 기도와 묵상을 실천해보십시오. 자신의 마음이 그 영광스러운 시편 가운데 드러나고 있다고 믿어질 때까지 그렇게 하십시오. 하나님의 영감으로 기록된 그 시편 말씀이 당신의 영혼에 가장 신선한 공기를 불어넣도록 하십시오.

2. 하나님 말씀을 위한 시간을 따로 마련하십시오. 그렇게 할 수 없다면 당신은 성경을 의지하는 것이 아닙니다. 그리고 절대 그렇게 살 수도 없습니다. 눈에 보이는 음식도 먹으려면 시간을 내야 하는 것처럼, 영적인 양식을 먹기 위해서도 마찬가지입니다. 지금 이 순간부터 조나단 에드워즈의 결심을 당신 자신의 것으로 삼으십시오.

나는 나 자신이 성경의 지식에서 자라고 있다는 것을 분명하게 발

견하고 인지하기 위해 성경을 아주 꾸준히, 부단하게, 그리고 수시로 공부할 것을 결심합니다.[3]

3. 성경을 매일 읽으십시오. 그리고 읽은 성경에 대한 응답으로 하나님께서 당신이 해야 할 일을 적어도 한 가지 이상 알려주시기 전에는 성경을 덮지 마십시오.

응답에는 새롭게 믿어야 할 내용이 포함될 수도 있고, 새로 시작해야 하거나 끊어야 하는 습관, 기도 제목, 먼저 대화를 시작해야 하는 일, 편지나 이메일 보낼 일, 전화 할 일, 영적인 훈련, 그 밖의 것들도 포함될 수 있습니다. 단순히 정보를 얻기 위해 성경을 읽지 말고 적용하기 위해 성경을 읽으십시오.

4. 최근에 자신이 성경적 관점에서 생각해 보지 않았던 것을 적어도 다섯 가지 이상 적어 보십시오. 그런 다음 성경을 읽으면서 5일 동안 매일 한 분야씩을 기도하는 가운데 생각해 보십시오.

다음은 삶의 다섯 가지 주요 영역 내지는 분야입니다. 그 속에 각각 사고의 출발점이 될 만한 열 가지 범주들이 들어 있습니다.

- 교회: 출석, 세례, 교인등록, 봉사, 헌금, 양육, 기도, 친교, 성찬
- 제자 훈련: 성경묵상, 기도, 전도, 선교, 우선순위, 시간 지키기, 금식, 침묵, 신앙 일기, 배움과 독서, 율법주의 vs. 위선

- 가정: 결혼, 가정위기, 거듭나지 않은 가족 구성원, 자녀 없음, 부모 섬김, 자녀 양육, 이혼, 성, 가족에 대한 헌신
- 돈: 구제, 저축, 투자, 빚 관리, 만족, 예산 짜기, 도박, 낭비, 돈 사랑하지 않기, 적게 가지고 단순하게 살기
- 일: 목적, 일의 분량, 여행, 일에 대한 태도, 신뢰성, 성실성, 증인으로서의 삶, 관계(직장 상사, 동료, 고객, 거래처), 신앙과 일의 통합, 은퇴

"성경은 이것에 대해 뭐라고 말씀합니까?"라는 질문을 스스로에게 던지는 훈련을 하십시오. 이것은 하나님에 대한 사랑을 나타내는 것이며, 하나님의 법 안에 있는 지혜와 진수를 얻기 위한 것입니다. 하나님은 우리를 당신의 말씀을 통해 성령으로 지배받도록 만드셨습니다. 그러므로 그분의 사랑의 계획에 맞추어 살아갈 때 우리는 그분의 영광을 발견하고 기쁨을 누리게 될 것입니다.

영적 처방을 위한 두 번째 질문

하나님의 말씀을 지속적으로 듣고 있습니까?

1. 하나님의 말씀이 당신의 일상생활에서 변화를 주었던 마지막 때가 언제였습니까?

2. 당신은 성경을 그저 읽기만 하는 그리스도인입니까? 아니면 읽은 말씀 중에 적어도 한 구절을 선택해서 묵상하는 그리스도인입니까?

3. 당신의 삶에서 성경의 진리를 새롭게 깨닫게 됨으로 생각이나 행동이 변화된 경험이 있습니까? 이러한 당신의 경험을 나누어 보십시오.

세 번째 영적 건강 처방전

사랑이 더 커지고 있습니까?

사람은 사랑하면 할수록
하나님의 형상에 더 가까이 다가간다.

마르틴 루터

곧바로 본론부터 들어가겠습니다.

예수님은 사랑이 그리스도인의 가장 확실한 표증이라고 말씀하셨습니다. 그래서 요한복음 13장 34~35절에서 "새 계명을 너희에게 주노니 서로 사랑하라 내가 너희를 사랑한 것 같이 너희도 서로 사랑하라 너희가 서로 사랑하면 이로써 모든 사람이 내 제자인 줄 알리라"라고 선언하셨습니다.

만일 다른 사람들에 대한 사랑이 당신 안에서 자라고 있다면, 특히 그리스도인들에 대한 사랑이 자라고 있다면 당신은 그리스도인으로서 성장하고 있는 것입니다. 그리스도인의 사랑에 대해 그분이 말씀 속에서 얼마나 중요성을 부여하고 계신지 주목해 보십시오.

- 내 계명은 곧 내가 너희를 사랑한 것 같이 너희도 서로 사랑하라 하는 이것이니라 (요 15:12).
- 내가 이것을 너희에게 명함은 너희로 서로 사랑하게 하려 함이

라 (요 15:17).

- 형제를 사랑하여 서로 우애하고 (롬 12:10).
- 피차 사랑의 빚 외에는 아무에게든지 아무 빚도 지지 말라 남을 사랑하는 자는 율법을 다 이루었느니라 (롬 13:8).
- 너희 모든 일을 사랑으로 행하라 (고전 16:14).
- 온 율법은 네 이웃 사랑하기를 네 자신 같이 하라 하신 한 말씀에서 이루어졌나니 (갈 5:14).
- 그리스도께서 너희를 사랑하신 것 같이 너희도 사랑 가운데서 행하라 (엡 5:2).
- 형제 사랑에 관하여는 너희에게 쓸 것이 없음은 너희들 자신이 하나님의 가르치심을 받아 서로 사랑함이라 (살전 4:9).
- 서로 돌아보아 사랑과 선행을 격려하며"(히 10:24).
- 형제 사랑하기를 계속하고"(히 13:1).
- 너희가 만일 성경에 기록된 대로 네 이웃 사랑하기를 네 몸과 같이 하라 하신 최고의 법을 지키면 잘하는 것이거니와"(약 2:8).
- 너희가 진리를 순종함으로 너희 영혼을 깨끗하게 하여 거짓이 없이 형제를 사랑하기에 이르렀으니 마음으로 뜨겁게 서로 사랑하라 (벧전 1:22).
- 무엇보다도 뜨겁게 서로 사랑할지니 사랑은 허다한 죄를 덮느니라 (벧전 4:8).

- 우리는 서로 사랑할지니 이는 너희가 처음부터 들은 소식이라 (요일 3:11).
- 그의 계명은 이것이니 곧 그 아들 예수 그리스도의 이름을 믿고 그가 우리에게 주신 계명대로 서로 사랑할 것이니라 (요일 3:23).
- 우리가 이 계명을 주께 받았나니 하나님을 사랑하는 자는 또한 그 형제를 사랑할지니라 (요일 4:21).
- 부녀여, 내가 이제 네게 구하노니 서로 사랑하자 이는 새 계명 같이 네게 쓰는 것이 아니요 처음부터 우리가 가진 것이라 (요이 1:5).

사랑은 기독교의 상징이며 특징입니다. 그리스도인은 많은 분야에서 모범적입니다. 여기에는 증거하고 가르치는 능력, 심지어 설교하는 능력도 포함되고("내가 사람의 방언과 천사의 말을 할지라도") 성경적인 안목과 지식도 포함되며("내가 예언하는 능력이 있어 모든 비밀과 모든 지식을 알고") 신앙과 봉사, 그리고 구제도 포함될 수 있습니다("모든 믿음이 있을지라도 … 내가 내게 있는 모든 것으로 구제하고 또 내 몸을 불사르게 내줄지라도"). 그러나 이런 것들도 가장 중요한 사랑이 동반되지 않다면 아무런 의미가 없습니다("소리 나는 구리와 울리는 꽹과리가 되고…내가 아무 것도 아니요…내게 아무 유익이 없느니라"고전 13:1-3).

사랑이 식다

사랑이 식을 때 죄가 점점 더 모습을 드러내며 우리는 예수님의 모습에서 차츰 멀어지게 됩니다. 고린도전서 13장 4절은 "사랑은 오래 참는다"고 말씀하지만 우리는 오래 참지 못하고 너무 쉽게 인내심을 잃습니다. "사랑은 온유한 것"(고전 13:4)인데 우리는 때때로 온유하지 못한 모습을 보이게 됩니다. "사랑은 시기하지 않는 것"(고전 13:4)인데 우리는 다른 사람들의 유익과 특권에 대해 시기하는 죄를 범합니다. 어쩌면 우리는 가족 중 누군가에 대해 그러고 있는지도 모릅니다.

누군가가 사랑이 부족하다고 비난을 하면 우리는 신속하게, 그리고 아주 자신만만하게 사랑을 위해 지불한 희생을 열거하면서 그 증거를 제시합니다. 하지만 "사랑은 자랑하지 아니하며 교만하지 않"습니다(고전 13:4).

우리의 마음이 사랑에 무뎌지면 우리는 점점 사람들에게 무례해집니다. 특히 가장 가까운 사람들에게 그렇게 됩니다. 하지만 이런 것과는 대조적으로 "사랑은 무례히 행하지 않"습니다(고전 13:5).

우리는 우리 자신에 대해 염려하기 시작하면서, 우리의 '권리'를 다른 사람의 권리나 필요보다 더 중요하게 생각합니다. 하지만 "사랑은 자기의 유익을 구하지 않"습니다(고전 13:5). 사랑이 부족할 때 우리는 화를 내기 쉽습니다. 그러나 "사랑은 성내지 않"습니다(고전 13:5). 사랑이 없으면 우리는 종종 다른 사람의 결점을 잡아내고 머릿속에 불쾌한 것들을 차곡차곡 쌓아둘 수 있습니다. 그러나 "사랑은 악한 것을 생각지 않"습니다(고전 13:5).

자신의 일을 위해서라면 어떻게든 시간을 내면서도, 사람들을 위해서는 시간을 내지 않을 때 우리는 사랑이 커간다고 볼 수 없습니다. 친구나 직장동료들의 명예를 보호해 주지 않고 가족들의 육체적, 영적 건강을 돌보지 않다면 사랑이 식고 있다는 증거입니다.

사랑이 식으면 무슨 일이든 소극적이 되기 쉽습니다. 교회 안에서는 그런 상태가 성경 훈련 등에 적극적이지 않은 모습으로 나타날 수 있습니다. 만일 당신의 교우 가운데 어려움에 처해 있는 사람이 있다고 할 때, 그의 삶이 망가지게 내버려두며, 교회와 그리스도의 이름에 먹칠을 하도록 방치한다면(마 18:15-20, 고전 5장), 당신은 그들을 사랑하지 않는 것입니다.

사랑이 식는 것은 비그리스도인들에 대한 무관심으로도 나타날 수 있습니다. 그들의 물질적 필요에 대해 덜 민감해질 수도 있고, 다른 사람들의 영적 필요에 대해 부담을 덜 느낄 수도 있습니다. 사랑이 약해지면 사랑의 행동은 하지만 '진실한 사랑'은 하지 못합니다(롬 12:9).

사랑이 약해지면 "손 대접하기를 힘쓰는 일"(롬 12:13)을 하지 못합니다. 마음이 무뎌지고 "즐거워하는 자들로 함께 즐거워하고 우는 자들로 함께 우는 일"(롬 12:15)을 할 수 없게 됩니다. 급기야는 우리 마음과 삶 속에서 일어나는 일들에 대해 냉담해지게 됩니다. 이것은 사랑과는 상반되는 것입니다.

온전한 사랑을 한 유일한 분은 예수 그리스도뿐입니다. 사도 바울이나 사도 요한, 또는 교회 역사에 나오는 우리가 흠모하는 어떤 영웅도 언제나 고린도전서 13장에 나오는 사랑의 기준에 따라 살지는 못했습니다. 모리스 로버츠는 사랑 안에서 성장해 가는 것에 대해 "가장 훌륭한 성도들이라도 성장이 느리며, 그들의 성취가 미미한 것처럼 느낀다"고 평한 바 있습니다.[1] 하지만 중요한 것은 속도가 아니라 방향입니다. 당신은 설령 더디더라도 사랑하는 일에 있어 누구나 공감할 만한 성장을 하고 있습니까? 아니면 퇴보하고 있습니까?

어떤 종류의 사랑입니까?

어떤 사람들은 자신들이 사랑을 얼마나 많이 하고 있는지 모른다고 떠벌립니다. 자기의 자녀가 그 어떤 것보다도 소중한 존재라고 생각합니다. 공휴일이면 어김없이 가족과 시간을 보내며 자신이 좋은 이웃이고 헌신적인 친구라고 생각합니다. 가족이나 친구들 모임이 커가면서 그들의 사랑도 더불어 성장한다고 생각합니다. 그런데 정말 그럴까요?

우리 자신의 마음이 아니라(성경은 예레미야 17장 9절에서 "만물보다 거짓되고 심히 부패한 것은 마음이라"고 묘사합니다), 오직 성경이 정의하며 실천해야 한다고 말하는 사랑만이 우리의 기준이 되어야 합니다.

우리는 너무 자주 흠정역 성경(KJV)이 '자연적 사랑'이라고 부른 것을 '사랑'이라고 잘못 분류합니다(롬 1:31, 딤후 3:3). 정상적인 상황에서는 부모가 자녀들을 사랑하고, 가족들은 서로를 사랑하며 사람들은 자신의 친구를 사랑합니다. 이것은 그리스도인이나 비그리스도인이나 마찬가지입니다. 하나님은 우리가 비록 타락한 세상에 살지만 자연적으로 어떤 사람들을 사랑하도록 만드셨습니다. 그런 까닭에 '자연적인 사랑'이란 용어가 생긴 것입니다.

많은 사람은 단지 이런 본성적인 사랑이 영적인 건강의 증거가 된다고 섣부르게 결론을 내립니다. 하지만 자연적인 사랑은 그저 성령이 내주하시는 사람들만이 표현할 수 있는 사랑을 가장한 여러 가지 사랑의 종류 가운데 하나일 뿐입니다. 조나단 에드워즈는 《신앙 감정론》에서 이런 모방적인 사랑에 대해 처음으로 언급하면서 경고했습니다.

> 그것은 하나님의 영이 주시는 은혜 가운데 으뜸이며, 모든 진정한 종교의 생명이고 본질입니다. 그리고 우리는 그것에 의해 천국에

가장 근접해지며, 반대로 지옥과 마귀와는 가장 반대되는 곳에 있게 됩니다. 하지만 그렇다고 그것에 대한 위조품들이 없다고 주장하는 것은 섣부른 판단입니다. 어떤 것이든 좋은 것일수록 그것에 대한 위조품도 더 많아진다는 것을 우리는 알 수 있습니다.[2]

'자연적인 사랑' 외에 또 다른 위조된 사랑이 있는데, 그것은 지나친 자기 사랑입니다. 다른 사람들을 위한 유익은 "그것이 우선 나를 즐겁게 하는가?"라는 질문에 비해 부차적인 문제일 뿐입니다. 남자는 아름다운 여자를 보면 자신이 그녀를 사랑한다고 굳게 믿습니다. 그는 정말 그녀를 위해서라면 무슨 일이든 할 수 있다고 생각합니다. 그는 그녀를 사모하고 항상 그녀를 생각하며 그녀에게서 아무것도 바라지 않습니다. 그러나 사실 그가 그녀를 사랑하는 것은 그녀가 그를 위해 해주는 무엇인가가 있기 때문입니다.

그녀는 그를 흥분시키며, 매료시키고 자극합니다. 그는 그녀가 정말 행복하기를 원합니다. 하지만 실상 그는 그녀가 자신에게 기쁨을 주는 일을 하면서 행복을 발견하길 원하는 것입니다. 그리고 그는 그녀가 오직 그를 기쁘게 해주는 정도까지만 그녀를 계속 사랑합니다. 그의 사랑이 자신에게 기쁨을 주지 않는다면 그는 그녀를 위해 어떤 일도 하려 들지 않을 것입니다. 설사 어떤 일을 한다 해도 그것은 위선일 뿐입니다.

이런 종류의 사랑은 로맨틱한 사랑만큼이나 사람들 사이에서 흔히 일어나는 일입니다. 우리는 부모, 자녀, 친족, 이웃, 또는 친구들을 대할 때 사랑하는 것처럼 대하면서도 마음은 전혀 주지 않을 수도 있습니다. 또한 사랑하는 것 자체가 우리를 기쁘게 하기 때문에 그렇게 할 수도 있습니다. 이렇게 변덕이 심한 사랑을 기준으로 삼아 어떤 사람이 그리스도를 얼마나 닮았는지 측정하는 것은 옳지 않습니다.

이와 유사하게 위조된 사랑은 "당신이 나를 사랑한다면 저도 당신을 사랑하겠습니다"라고 말하는 유형의 사랑입니다. 이런 종류의 사랑은 헌신으로부터 나온 것도 아니고, 그리스도를 닮고자 하는 열망에서 나온 것도 아니며 단지 보상을 바라고 베푸는 거래일뿐입니다. 따라서 이것은 그리스도인의 사랑이 아니며 세상적인 사랑의 축소판입니다. 예수님은 그것에 대해 이렇게 말씀하셨습니다. "너희가 만일 너희를 사랑하는 자만을 사랑하면 칭찬 받을 것이 무엇이냐 죄인들도 사랑하는 자는 사랑하느니라"(눅 6:32). 조나단 에드워즈도 다음과 같이 묘사하고 있습니다.

> 그들은 어떤 사람들에게는 친근한 사랑을 가득 안고 대하지만, 어떤 사람들에게는 원한을 품고 대합니다. 그들은 자신들을 인정해 주고 사랑해 주며 존중해 주는 자기들만의 집단에는 아주 긴밀하게 밀착되어 있지만, 자신을 적대시하고 싫어하는 사람들에 대해서는 난폭하게 대합니다. 어떤 사람들은 이웃에 대해서는 굉장한

사랑을 보입니다. …해외에 있는 하나님의 자녀들에게도 그런 사랑을 보입니다. 그런데 정작 자신의 가족들에게는 불편하고 차갑게 대하며 가정의 구성원으로서의 의무에 대해서는 태만합니다.[3]

예수님을 미워했던 사람들처럼 그저 주고받는 식의 사랑만 하면서, 어떻게 그가 사랑 안에서 성장하면서 예수님을 점점 더 닮아 가고 있다고 할 수 있겠습니까? 얼마나 그리스도를 닮았는가 하는 것에 대한 시금석은 사랑하는 사람을 자신이 얼마나 더 많이 사랑하는가에 달려 있는 것이 아니라, 지금 사랑하지 않는 사람을 자신이 얼마나 사랑할 수 있는가에 달려 있습니다.

다음은 '불균형적인 사랑'이라고 불리는 위조된 사랑이 있습니다. 그런 사랑은 사람을 몸과 영혼을 가진 단일체로 다루지 못합니다. 그런데 이 두 가지 요소는 모두 합당한 요구사항을 가지고 있습니다. 조나단 에드워즈는 이런 사랑 안에 들어 있는 오류에 대해 다시 말합니다.

어떤 사람들은 사람들의 겉모습에 따라 사랑을 달리 표시합니다. 그래서 그들은 세상적인 물질에 대해 관대하며 가난한 사람들을 종종 구제합니다. 하지만 그들은 영혼에 대해서는 사랑하는 마음도 없고 관심도 없습니다. 또 어떤 사람들은 사람들의 영혼을 굉장히 사랑하는 것 같지만 그들의 몸에 대해서는 긍휼을 베풀지 않습니다. 그들이 제아무리 영혼에 대한 사랑과 자비 그리고 아픔에 대해 잘 안다고 말하더라도 그것을 위해 어떤 대가도 치르지 않다면 아무런 소용이 없습니다. 실제로 사람의 몸에 대해 긍휼히 여기는 마음이 있다면 그들은 자신의 주머니를 열고 돈을 내어야 할 것입니다. 참된 그리스도인이란 예수 그리스도의 사랑과 자비를 닮은 사람입니다. 예수님은 사람들의 영혼을 긍휼히 여기셨고, 다른 한편으로는 두루 돌아다니며 선을 행하셨으며 사람들의 온갖 질병을 고쳐 주시므로 그들의 몸에 대한 긍휼을 보여주셨습니다. 예수님은 사람의 영혼과 육체 모두에 대해 사랑으로 대하셨고, 그 두 가지 모두의 필요를 만족케 하시는 놀라운 본을 우리에게 제공해 주셨습니다.[4]

예수님은 무엇보다도 죄인들을 영원히 구원하시기 위해 오셨습니다. 단지 이 땅에서 잠시 머무는 육체를 고치시기 위해 오신 것이 아닙니다. 우리를 향한 그분의 가장 위대한 사랑의 표현은 그분의 죽음에 있습니다. 왜냐하면 그것을 통해 우리는 영생에 이르는 하나님의 사랑을 체험하기 때문입니다.

따라서 우리가 누군가에게 가질 수 있는 최고의 사랑의 행위는 영광스러운 몸으로 살게 될 영생으로 인도하는 말씀을 그들에게 전하는 것입니다. 말과 혀로만 사랑하지 말고 오직 행함과 진실함으로 해야 합니다(요일 3:18). 예수님의 사랑이 자라가는 사람들은 단지 말로만 사랑을 나타내지 않고 행위로 나타낼 것입니다(영적인 필요와 물질적인 필요 모두를 만족시키는 문제에 대해 좀 더 알기 원하면 5장을 보십시오).

현실에서의 사랑

사랑 안에서 자라가는 사람들은 적어도 세 가지 영역에서 그것을 나타냅니다.

첫째, 다른 사람들에 대한 사랑이 강화됩니다. 우리 안에 하나님의 영이 거하고 계심을 보여주는 가장 분명한 증거는 성령을 모시고 있는 다른 사람들을 사랑하는 것으로 드러납니다. 즉 "우리는 형제를 사랑함으로 사망에서 옮겨 생명으로 들어간 줄을" 아는 것입니다(요일 3:14).

교회 안에 있는 그리스도인 형제, 자매들과의 관계는 영생을 나누는 사람들에게는 필수불가결한 것입니다. 참된 그리스도인들은 비그리스도인들에 대해 사랑하는 마음을 가집니다. 그러나 그리스도를 사랑하는 사람들에 대해서는 더욱 각별한 사랑을 가집니다. 우리가 많은 사람을 사랑하지만 가족들에 대해 더 깊은 사랑을 가지는 것과 마찬가지로, 하나님의 가족 안에 속한 우리들은 서로에 대해 더 깊은 사랑을 가집니다.

또한 성경은 모든 사람들에게 선을 행하되, 특히 영적으로 한 가족이 된 사람들에게는 더욱 사랑을 표현해야 한다고 말합니다. "그러므로 우리는 기회 있는 대로 모든 이에게 착한 일을 하되 더욱 믿음의 가정들에게 할지니라"(갈 6:10).

둘째, 비그리스도인들에 대한 사랑이 강화됩니다. 한 부자 청년이 한 번은 예수님을 찾아와서 자신이 '영생을 얻기 위해서 무엇을 해야 합니까'라는 질문을 던졌습니다. 청년은 자신이 십계명을 잘 지키려고 노력했기 때문에 매우 유리한 입장일 것이라고 지레짐작했습니다. 하지만 마가복음 10장 21절을 보면, 그 청년의 주장에 "예수께서 그를 보시고 사랑하사 이르시되 네게 아직도 한 가지 부족한 것이 있으니 가서 네게 있는 것을 다 팔아 가난한 자들에게 주라 그리하면 하늘에서 보화가 네게 있으리라 그리고 와서 나를 따르라"고 말씀하십니다.

이 사람에 대해 사랑을 보이실 때에도 예수님의 말씀에는 타협이 없었습니다. 즉 영생을 얻기 위해서는 사람이 자신의 신, 또는 우상(즉, 자신의 소유물)을 버리고 그리스도를 우선순위로 삼아야 한다는 것을 한 치의 오차도 없이 분명히 하셨습니다. 그 사람이 예수님의 제자가 되었다는 어떤 암시도 없지만 예수님은 그럼에도 불구하고 그를 사랑하셨습니다.

우리가 예수님을 닮아 갈수록 우리는 더욱더 성령의 열매를 맺게 될 것이며, 하나님의 일에 대해 냉담한 사람들을 포함해 모든 사람을 더욱 사랑하게 될 것입니다. 예수님은 우리에게 그저 사랑하는 사람들만을 사랑할 것이 아니라, 원수까지도 사랑하라고 말씀하셨습니다(눅 6:27, 32).

제 아내인 캐피는 믿지 않는 한 부부를 위해 최근 여러 시간 동안 집안 개조하는 일을 도운 적이 있었습니다. 아내는 그들을 사랑하기 때문에 그리스도께 인도하기를 원했습니다. 즉 그녀는 땀 흘린 사랑의 수고를 보여줌으로써 그들이 복음을 듣게 되길 바랐던 것입니다. 자신이 해야 할 일도 산더미같이 쌓여 있었지만 하나님에 대한 사랑과 복음 때문에, 그리고 우리가 전하는 말에 관심을 보이지 않는 그들에 대한 사랑이 점점 커졌기 때문에 그녀는 그 일을 감당했습니다. 랄프 베닝은 이것을 '자기를 부인하는' 일이라고 했습니다.[5]

셋째, 가족에 대한 사랑이 강화됩니다. 이 부분을 읽고 있는 많은 사람에게는 이 부분이 가장 잔인한 평가 영역이 될 것입니다. 다른 어느 곳에서보다 가정에서 우리는 사랑스럽지 않은 말과 태도를 가장 많이 하게 됩니다. 그렇습니다. 가정에서 나타나는 모습이 진짜 우리의 모습입니다. 그러나 우리는 가족들에 대한 사랑이 계속해서 자라갈 수 있음을 기억해야 합니다.

하나님이 에베소서 5장 25절 같은 계명을 우리에게 주신 이유는 그것이 우리에게 꼭 필요하기 때문입니다. "남편들아 아내 사랑하기를 그리스도께서 교회를 사랑하시고 그 교회를 위하여 자신을 주심 같이 하라" 모든 그리스도인들은 성장하는 그리스도인이어야 합니다. 그리고 가족들에 대한 괄목할 만한 사랑의 성장도 그런 성장에 포함됩니다. 시간이 흘러감에 따라 당신의 배우자, 자녀, 부모, 친척들이 당신에게 더 사랑받고 있다고 느껴야 합니다. 아마 그런 것은 전보다 더 많은 감사의 표현 속에 나타날 것이며, 화를 덜 내거나 몸으로 사랑을 표현하거나 좀 더 인내하는 모습 속에도 나타날 것입니다. 그리고 책임, 관대함, 검소함, 또는 단순히 그들을 위해 시간을 내주는 모습 속에도 나타날 것입니다.

물론 어떤 영역에서는 비그리스도인이 그리스도인과 비슷한 정도까지 사랑 안에서 자라가는 것처럼 보일 수 있습니다. 예를 들어, 내 이웃 중에 믿지 않는 사람이 있다고 가정해 봅시다. 그는 지금 TV에 나오는 축구 경기를 보고 싶지만, 딸아이와 놀려고 공원에 아이를 데리고 갔습니다. 그리고 나는 독서를 하고 싶지만, 어린 딸을 데리고 공원에 갔습니다. 이 경우 왜 나는 그리스도인의 사랑을 나타내는 것이 되고, 내 이웃은 그러지 못한 것이 됩니까? 즉 비그리스도인과 내가 똑같이 자녀들과 기꺼이 시간을 같이 보내기 위해 자기 자신의 욕구를 포기하는 일을 하는데, 왜 나의 사랑은 '기독교적인' 것이 되고, 그의 사랑은 '비기독교적인' 것이 됩니까? 사실상 두 경우 모두 우리의 양심이 그것을 하도록 하고, 우리 자신보다 다른 사람들의 필요를 우선적으로 생각하게 합니다는 점에서 그것은 사랑을 나타내는 것입니다.

그러나 그리스도인의 사랑이 다른 점은 그리스도인 자신이 하는 일이 하나님의 뜻임을 믿기 때문에 그렇게 하는 것입니다. 그의 사랑은 자기희생보다 더 한 것입니다. 왜냐하면 그것은 수평적인 차원뿐 아니라 수직적인 하나님을 향한 차원도 포함하고 있기 때문입니다. 당신이 하나님을 기쁘시게 하는 어떤 일을 하고 있다는 인식은 그것을 행하는 가운데 만족감을 얻게 할 뿐 아니라, 사랑에 품격과 깊이를 더해 줍니다. 이는 세상의 자연적인 사랑이 만들어낼 수 없는 것입니다.

게다가 그리스도인이 행하는 사랑의 최고 동기는 세상은 알 수조차 없는 다른 측면을 포함합니다. "우리에게 주신 성령으로 말미암아 하나님의 사랑이 우리 마음에 부은 바 됨이니"(롬 5:5), 우리는 우리에게 부어 주신 한없는 하나님의 사랑으로 인해 사랑할 수 있습니다. 비그리스도인은 오직 자기 자신의 제한적이고, 정체된, 그리고 깨끗하지 못한 인간적인 수원으로부터 사랑을 끌어올릴 뿐입니다. 그에 반해 그리스도인은 하나님이 부어 주시는 사랑의 근원으로부터 퍼 올리기만 하면 됩니다. 그는 하나님을 아는 기쁨의 근원으로부터 샘솟는 사랑을 다른 이들에게 나누어줄 수 있습니다.

존 파이퍼가 말한 대로, "사랑은 하나님 안에 있는 기쁨이 차고 넘쳐서 다른 사람들의 필요를 즐겁게 만족시켜 주는 것입니다."[6] 조나단 에드워즈는 "그것은 그리스도 예수 안에서 하나님이 우리에게 사랑으로 거저 주시는 은혜와 주권이 우리에게 흘러넘친다는 인식에서 생겨나는 사랑입니다."라고 부언합니다.[7]

그러므로 그리스도인의 사랑은 하나님에게서 시작합니다. 그분이 우리를 먼저 사랑하셨기 때문에 우리도 사랑을 할 수 있습니다. 그러므로 우리는 그분의 사랑 안에서 더 많은 만족과 기쁨을 얻으면 얻을수록, 다른 사람을 더 많이 기쁘게 사랑할 수 있습니다. 하나님이 하나님 되심으로 인해 우리가 더 즐거워하고, 우리는 다른 사람들을 사랑함으로써 예수님을 닮게 되는 진정한 기쁨을 누리게 됩니다. 우리가 하나님 안에서 기쁨을 누리면 누릴수록, 사람들은 우리의 사랑하는 행동으로 인해 기뻐하게 되고, 그들을 지켜봄으로 우리도 더욱더 기뻐할 수 있습니다.

사랑을 개발하는 여섯 가지 방법

모리스 로버츠는 다음과 같이 묻습니다.

이 세상은 왜 이토록 진정한 그리스도인의 사랑을 찾기가 힘든 것일까요? 그것은 사랑을 개발하는 것이 우리의 타락한 본성 안에 있는 모든 본능과는 정반대의 것을 요구하기 때문입니다. 사랑이란 우리의 본성과는 전혀 반대되는 것입니다. 하지만 거듭난 사람의 본성은 더 높은 차원의 은혜의 능력 아래 있게 되기 때문에 거듭나지 못한 사람이 할 수 없는 것을 참된 그리스도인들은 할 수 있으며 마땅히 그렇게 해야 합니다.[8]

이 장을 통해 당신이 도전을 받았든, 받지 않았든 당신은 천국에서 그리스도를 뵐 때까지 사랑 안에서 자라야 할 의무가 있습니다. 현재 당신의 처지가 어떠하든지 당신이 그리스도를 닮아가는 은혜 안에서 성숙해갈 수 있는 몇 가지 제안을 해봅니다.

1. 가장 중요하게 구별된 표시로써 그리스도인의 사랑에 대해 묵상하십시오. 모리스 로버츠는 그의 책, 《최고의 은혜인 그리스도인의 사랑》에서 "사랑이란 그리스도인의 삶 속에 보석과도 같은 은혜입니다. 하지만 우리는 그것을 끊임없이 망각합니다"라고 했습니다.[9]

사랑이 그리스도인의 가장 우선적인 목표라는 것을 그냥 기억만 해서는 안 됩니다. 그것에 대해 묵상해야 합니다. 저는 삶에서 사랑보다는 지식과 정통 신앙을 중시하는 몇몇 그리스도인들을 알고 있습니다. 그들은 말로는 사랑의 우선성에 대해 인정하지만, 실제로는 "사랑은 내게 주신 은사가 아닙니다"라고 말하며 사랑의 실천을 소홀히 합니다. 분명 사랑은 하나님으로부터 오는 은사지만 그들이 생각하는 그런 종류의 은사는 결코 아닙니다.

사랑은 가르침이나 긍휼 같은 영적인 은사와는 차원이 다릅니다(롬 12:1, 고전 12장, 엡 4장에 나오는 은사 목록을 보십시오). 그렇기 때문에 그것은 누구에게는 주고, 누구에게는 주지 않았다고 말할 수 있는 성질의 것이 아닙니다. 대신 성경은 이렇게 주장합니다. "사랑하지 아니하는 자는 하나님을 알지 못하나니 이는 하나님은 사랑이심이라"(요일 4:8). 당신은 더 많이 사랑하는 일에 우선순위를 두고 있습니까? 만일 사랑 안에서 자라가기 원한다면 사랑에 대해 생각하십시오. 당신의 묵상을 돕는 자료로 이번 장의 서론에 나오는 성경구절을 다시 살펴보십시오.

2. 하나님의 사랑의 불로 가슴이 뜨거워지도록 만드십시오. 하나님은 그리스도인의 가슴에 사랑의 불길을 일으키는 사랑의 근원이 되십니다. 우리는 하나님의 사랑이 지속적으로 우리를 통해 다른 사람들에게 퍼져나가는 것을 기대하기 전에, 먼저 그분의 사랑 안에서 편안한 안식을 누려야 합니다. 이것은 당신이 기도하거나 성경을 묵상할 때 하나님의 사랑에 사로잡혀야만 가능합니다. 마치 화로의 불꽃이 우리의 시선을 매료시키는 것처럼 우리가 십자가의 사랑에 사로잡혀야 합니다는 것을 의미합니다. "능히 모든 성도와 함께 지식에 넘치는 그리스도의 사랑을 알고 그 너비와 길이와 높이와 깊이가 어떠함을 깨달아 하나님의 모든 충만하신 것으로 너희에게 충만하게 하시기를 구하"도록 기도하십시오(엡

3:18-19). 17세기 후반 네덜란드의 한 저명한 목사님은 "하나님은 사랑이십니다. 그러므로 하나님과의 교제를 통해 우리는 사랑 안에서 온기를 느끼며 자라게 될 것입니다"라는 글을 썼습니다.[10]

3. 하나님이 사랑하시는 것처럼 사랑함으로써 하나님이 우리 아버지이신 것을 확증하십시오. 사도 요한은 성령의 감동으로 "사랑은 하나님께 속한 것이니 사랑하는 자마다 하나님으로부터 나서"라고 말씀합니다(요일 4:7). 하나님의 본성은 사랑입니다. 그러므로 그의 본성을 가지고 있는 사람들은 그의 자녀입니다.

저는 최근에 새끼 악어를 본 적이 있는데, 만약 제가 그것을 가리키면서 "저것은 내 자식입니다"라고 소리친다 해도 그것을 심각하게 받아들이는 사람은 아무도 없을 것입니다. 저의 자식으로 태어난 아이는 인간의 본성을 가지고 태어나지, 악어의 본성을 가지고 나오지는 않기 때문입니다. "하나님에게서 난" 사람도 누구나 그의 본성, 곧 사랑의 본성을 가지게 됩니다. 만일 당신이 자신의 행동으로 인해 다른 사람이 기뻐하는 것을 보고 진정한 기쁨을 맛보았으며, 다른 사람들을 사랑하는 일이 정말 좋아졌다면 용기를 내십시오. 그런 사랑을 보여주는 당신은 바로 하나님의 자녀입니다.

4. 하나님을 닮아 가는 일을 즐거워하십시오. 이것은 신비주의

적인 단조로움이나 뉴에이지 운동가들의 열정 같은 것이 아닙니다. 성경은 사랑을 보여줌으로써 하나님을 닮아 가는 것에 대해 명백하게 말씀하고 있습니다. "그러므로 사랑을 받는 자녀 같이 너희는 하나님을 본받는 자가 되고 그리스도께서 너희를 사랑하신 것 같이 너희도 사랑 가운데서 행하라"(엡 5:1-2).

모리스 로버츠의 말을 다시 인용하면, "사랑은 그 본질에서 하나님을 닮아 가는 것입니다"라고 했습니다.[11] 시간 날 때마다 "이렇게 사랑하면서 내가 하나님을 닮아 가는 거구나!"라고 스스로 전율을 느낄 정도로 사람들을 사랑하십시오.

5. 사람 안에서 성장하는 데 가장 필요로 하는 관계들을 규명하십시오. 마음에 가족이 가장 먼저 떠오릅니까? 함께 일하는 직장 동료는 어떻습니까? 옆집에 사는 사람은 어떻습니까? 교인 중에 누가 생각납니까? 당신이 사랑하는 가운데 성장할 때는 그저 두루두루 모든 사람을 목표로 삼지 말고 구체적인 사랑의 대상을 짚으십시오. 특별히 당신의 사랑이 좀 더 그리스도를 닮아 가는 것임을 한눈에 알아볼 수 있는 사람은 누구입니까? 어떻게 그들이 알 수 있습니까? 이런 사람들의 얼굴이 일단 마음에 그려지면…

6. 주도적으로 사랑을 표현하십시오. 특별히 당신이 그런 사랑에 대해 아무런 보답을 기대하기 힘든 곳에서부터 시작하십시오.

먼저 사랑을 시도했을 때 나타나는 반응에 상관하지 말고 하나님을 닮아간다는 기쁨만으로 족하게 여기십시오. 예수님이 하신 일이 바로 그렇지 않았습니까? 당신은 예수님을 더욱 더 닮아 가기 원하기 때문에 이 책을 읽고 있는 것입니다.

영적 처방을 위한 세 번째 질문

사랑이 더 커지고 있습니까?

1. 사랑은 자랑하지 아니하며 교만하지 않습니다. 당신의 사랑이 무뎌지면서 가장 가까운 사람들에게 무례하게 행동하고 있지는 않습니까?

2. 사랑이 식으면 무슨 일이든지 소극적으로 대하게 됩니다. 교회 안에서는 그러한 상태가 영적인 훈련에 적극적으로 참여하지 않는 모습으로 나타날 수 있습니다. 당신은 지금 어떤 모습입니까?

3. 하나님의 사랑에 대해 의견을 나누어 보십시오. 하나님의 사랑으로 당신의 가슴이 뜨거웠던 적은 언제였습니까?

네 번째 영적 건강 처방전

하나님의 임재에
더 민감해졌습니까?

믿는 자의 영혼이 건강한 상태에 있다면
그는 때를 따라 자주 하나님과 교제할 목적으로
하나님의 임재 가운데로 나올 것입니다.

아더 핑크

'하나님은 바로 이곳에 계신다'라는 생각을 마지막으로 한 때가 언제입니까? 아마도 그것은 성령 충만한 가운데 말씀이 마음에 와 닿았을 때였을 것입니다.

저는 주님이 설교자를 통해 강력하게 들려주시는 메시지로 감동의 눈물을 마구 흘렸던 한 집회가 생각납니다. 그 전에도 비슷한 감동을 받은 적이 있었지만 이번에는 잠깐이나마 그냥 눈물이 흘러내리도록 놔두고 싶었습니다. 하나님에 대한 그 귀한 경험을 놓치고 싶지 않았기 때문입니다.

아마도 당신은 하나님의 백성과 함께 열심히 기도하는 가운데 특별한 하나님의 임재를 느껴본 경험이 있을 것입니다. 주님이 너무 가까이 계시는 것처럼 느껴져서 눈을 뜨기만 하면 그분을 볼 것처럼 생생했던 때를 말입니다.

특별히 자연 속에서 하나님 아버지께서 가까이 계시다는 느낌을 받을지도 모릅니다. 로키산맥의 웅장한 절경에 흠뻑 도취해 있을 때나 투명한 겨울 밤하늘 위에서 반짝이는 거대한 은하수를 바라보며 경외감에 휩싸일 때 그런 느낌을 받았을지도 모릅니다.

제가 그랬던 것처럼 당신도 단풍이 드는 계절, 좀 한가한 주일 오후에 양손을 호주머니에 찔러 넣은 채, 혼자서 들판을 가로질러 산책을 하거나 나무숲 오솔길을 따라 거닐면서 거룩하신 그분이 내 옆에 계신 것을 깨닫게 되었을지도 모릅니다. 또는 어떤 조용한 장소에 있을 때, 어디에서도 TV나 라디오 소리 하나 들리지 않고, 모터 돌아가는 소음조차 전혀 들리지 않는 그런 조용한 시간에 집에 혼자 있을 때, 하나님의 임재가 당신을 감싸 안는 것 같은 느낌을 받은 기억이 있을지도 모릅니다.

한적한 호숫가에서 가을 저녁의 찬 기운을 맞으며 평화의 왕이신 그분의 임재를 의식하며 깊은 명상에 잠겼던 순간을 간직하고 있을지도 모릅니다.

또는 이와는 대조적으로 마치 자동차 사고에서 눈 깜짝하는 사이에 짜릿하게 구출되었던 순간처럼, 순식간에 감정이 충만해지면서 하나님이 바로 곁에 계시다는 느낌을 받을 수도 있습니다. 아니면 잠자고 있는 아기의 손가락과 얼굴을 부드러운 램프 스탠드 아래서 물끄러미 바라보는 동안 그분의 임재를 깊이 체험했을 수도 있습니다.

그리고 회중들이 함께 모여 드리는 웅장한 예배 가운데 영광의 주님이 소리를 높여 찬양하는 사람들 머리 위에 임하시는 것 같은 느낌을 받았을지도 모릅니다. 그 순간에는 하나님의 임재가 너무나 압도적으로 분위기를 사로잡는 것같이 느껴졌을 것입니다.

얼마나 자주 당신은 하나님의 임재를 경험합니까? 만일 우리가 성경의 가르침을 진지하게 받아들인다면, 우리는 하나님의 임재를 가끔 경험해서는 안 됩니다. 그렇다고 우리가 언제나 초자연적인 임재를 느껴야 한다는 뜻은 아닙니다. 그런 것은 절대로 신뢰할 수 없는 것이기 때문입니다. 그럼에도 불구하고 우리가 어디에 있든지 '하나님이 여기 계신다'는 느낌이 특별한 일이 되어서는 안 됩니다. 일반적으로 우리는 그분에게 가까이 갈수록 그분의 임재를 보다 쉽게 느껴야 합니다.

"여호와께서 과연 여기 계시거늘 내가 알지 못하였도다"

주변에서 보면 많은 그리스도인들이 "내가 항상 너희와 함께 있겠다"(마 28:20)고 하신 예수님의 약속보다는 "여호와께서 과연 여기 계시거늘 내가 알지 못하였도다"(창 28:16)라고 말하는 야곱의 말에 더 공감하는 것을 볼 수 있습니다.

한 조사에 의하면 자신을 개신교인, 가톨릭교인, 또는 그리스도인이라고 소개하는 성인 3명 가운데 2명(68퍼센트)은 그들이 하나님의 임재 안에 있는 것처럼 느꼈던 순간이 있었다고 합니다. 어느 때 그랬을까요? 하지만 그것은 사실 아무런 의미가 없습니다. 왜냐하면 같은 조사에서 모든 비그리스도인들 가운데 절반 이상(58퍼센트)이 똑같이 그들도 신의 임재 안에 있는 것 같은 느낌을 받았다고 말하고 있기 때문입니다. 게다가 자신이 개신교나 가톨릭 또는 기독교 교회에 속해 있다고 말한 사람들 가운데 8명 중 1명 꼴(13퍼센트)로 평생 한두 번은 하나님의 임재를 느껴본 적이 있다고 말했고, 32퍼센트는 평생 동안 한 번도 하나님의 임재를 경험한 적이 없다고 말했습니다. 조사 대상 가운데 자신을 '거듭난 그리스도인'이라고 공공연하게 말한 사람들에게서 나타나는 결과는 가히 충격적입니다. 그들 중 3분의 1(32퍼센트)이 하나님의 임재를 전혀 느껴본 적이 없거나 지금까지 살면서 고작 한두 번 경험해 보았을 뿐이라고 대답했습니다.[1]

그리스도인이 하나님과의 동행에 대해 둔감해짐으로써 오는 결과는 무엇일까요? 그것은 필연적으로 하나님과 하나님의 말씀, 그리고 하나님의 뜻에 대해 생각하는 시간이 점점 더 줄어듦을 의미합니다. 이것은 하나님을 모르는 비그리스도인과 별로 다르지 않습니다.

하나님이 가까이 계심에도 불구하고 그의 임재를 느끼지 못하고 있다면 분명히 "여호와의 눈은 어디서든지 악인과 선인을 감찰하시느니라"(잠 15:3)라는 말씀에 관심을 두지 않았기 때문입니다. 그것은 한편으로는 죄를 억제하려는 생각이 줄어들었음을 의미하며, 다른 한편으로는 선을 행하려는 생각이 줄어들었음을 의미합니다. 결국 "설마 누가 보겠는가?"라는 마음 상태를 나타냅니다. 이럴 때 우리는 결국 모세의 한 단면을 닮게 됩니다. "좌우를 살펴 사람이 없음을 보고 그 애굽 사람을 쳐죽여 모래 속에 감추니라"(출 2:12). 설령 보는 사람이 없다 해도 우리는 보이지는 않지만 어떤 존재보다도 더욱 실존하시는 하나님의 임재를 망각하지 말아야 합니다.

결국 하나님의 현존을 느끼지 못하고 사는 것은 하나님이 정말로 없다고 생각하며 사는 것을 의미합니다. 이것은 하나님이 아닌 다른 사물, 꿈, 그리고 세상의 쾌락을 좇는 삶입니다. 이럴 때 하나님과의 관계는 단지 외적 형태만 남은 종교로 전락해 버립니다. 영적 훈련은 단순한 의무, 또는 심지어 율법주의로 귀착됩니다. 공적인 예배가 특권이 아닌 의무사항이 되어 버리는 것입니다. 분명 이것은 성장하는 그리스도인의 모습이 아닙니다.

하나님의 임재를 어떻게 분별합니까?

계속 이야기를 전개하기 전에 먼저 '하나님의 임재'에 관련된 몇 가지 용어의 의미를 이해할 필요가 있습니다. 신학자들은 다음과 같은 정의를 내리고 있습니다.

- 보편적인 하나님의 임재: 이것은 '모든 곳에 거하시는 하나님'

을 말합니다. 즉 하나님은 어디에나 계시며 하나님이 계시지 않는 곳은 없다는 뜻입니다(시 139:5-12, 렘 23:24). 하지만 하나님이 어디에나 계시다는 것이 모든 것이 되심을 의미하는 것은 아닙니다. 예를 들어 나무가 한 그루 있다고 합시다. 하나님은 나무가 있는 어디에나 계시는 무한한 인격이기는 하지만, 나무가 바로 하나님은 아닙니다.

- 기독론적인 하나님의 임재: 하나님은 예수 그리스도 안에 계셨고 지금도 그 안에 계십니다. 요한복음 1장 1절과 14절, 그리고 골로새서 2장 9절을 보십시오. 예수님은 임마누엘, 곧 "하나님이 우리와 함께 계신 분"입니다(마 1:23).

- 내재하는 하나님의 임재: 성부 하나님은 성령에 의해 성도가 된 자 안에 거하십니다. 이것은 하나님이 성도 안에 거하시는 유일한 방법입니다. 요한복음 14장 16~17절을 보십시오. 성령은 우리의 육체 가운데 우리와 함께 거하고 계시는 두 번째 위격이십니다.

- 인지할 수 있는 하나님의 임재: 하나님의 임재는 종종 그분의 사역과 영향을 통해 인지됩니다. 누가복음 1장 66절과 사도행전 11장 21절을 보십시오. 이것은 대개 우리가 어떤 강력한 설교나 간증을 들은 다음 "주님이 그와 함께 하셨어"라고 말하는 것입니다.

- 하늘나라에서의 하나님의 임재: 하나님의 임재는 다른 어느 곳

보다 하늘나라에서 분명히 나타납니다. 마태복음 6장 9절과 18장 10절을 보십시오. 천국이 천국 되는 까닭은 하나님의 임재 때문입니다. 그분의 영광과 광채가 다른 어떤 곳에서보다 드러납니다.

- 영원한 하나님의 임재: 우리는 하나님의 임재를 하늘나라에서 영원히 누리든지 아니면 지옥으로 떨어져 영원히 박탈당하게 될 것입니다. 요한계시록 21장 3절과 데살로니가후서 1장 9절을 보십시오. 하나님은 어느 곳에나 계십니다. 심지어 지옥에조차 계십니다. 하지만 지옥이 너무 무섭고 고통스러운 것은 하나님의 부재 때문이 아니라 하나님의 임재 때문입니다. 그분은 그곳에 계시지만 그의 사랑과 자비 대신 오직 거룩한 분노와 공의만을 드러내실 뿐입니다.[2]

하나님의 임재는 그분의 보편적인 임재를 제외하고는 오직 예수 그리스도를 통해서만 접근할 수 있습니다. 성자 하나님만이 성부 하나님으로 가는 길입니다(요 14:6). 그를 통해서가 아니면 아무도 아버지께로 갈 수 없습니다. 디모데전서 2장 5절은 "하나님은 한 분이시요 또 하나님과 사람 사이에 중보자도 한 분이시니 곧 사람이신 그리스도 예수라"라고 우리에게 가르칩니다. 다른 말로 우리는 "우리 안에 계신 그리스도 곧 영광의 소망"(골 1:27)이 되신 분을 체험할 때까지는 '우리와 함께 계시는 하나님'의 임재를 확실히 깨달을 수 없습니다. 이런 그리스도의 임재를 알기 위해서 우리는 먼저 예수님의 말씀처럼 회개하고 복음을 믿어야만 합니다(막 1:15).

하나님의 전 우주적인 임재는 마치 공기가 날아오르는 독수리를 감싸 두르는 것처럼, 또는 태평양이 물속에 뛰어드는 돌고래를 품에 안듯이 우리를 둘러쌉니다. "우리가 그를 힘입어 살며 기동하며 존재하느니라"라는 말씀처럼(행 17:28), 그럼에도 불구하고 우리는 그분이 먼저 자기 자신을 우리에게 계시해 주시지 않으면 하나님의 임재를 결코 바르고 진실 되게 분별할 수 없습니다.

일반적으로는 그분은 피조물을 통해 자신을 계시하셨지만(롬 1:20), 훨씬 더 구체적인 계시는 말씀을 통해서입니다. 그분 자신을 계시하는 말씀은 우리에게 두 가지 생생한 방법을 통해 다가왔습니다. 하나는 성육신하신 말씀(예수님)이고 다른 하나는 기록된 말씀(성경)입니다. 그러므로 우리가 하나님의 임재에 대한 인식을 포함해 하나님을 경험하는 것을 매개해 주는 것이 바로 그분의 말씀입니다.

이것은 무엇을 의미하는 것일까요? 그것은 우리 마음대로 하나님의 임재를 체험하려고 덤벼들어서는 안 된다는 뜻입니다. 저는 복음주의적인 영성이 신비주의, 또는 때때로 소위 기독교 신비주의라는 것으로 향하는 최근의 경향에 대해 우려하고 있습니다. 신비주의의 핵심은 하나님을 아무런 중개 없이, 즉 어떤 방법을 사용하지 않고 직접 체험하려는 시도입니다. 또 이것은 어떤 외부적인 도움 없이 직접 하나님의 임재에 대해 체험해야 한다는 믿음입니다. 종종 이것은 우리의 영혼 내부를 깊이 성찰하면서 내주하시는 하나님의 임재를 만나거나, 또는 그분이 우리와 함께 앉아 있다는 상상을 통해 설명되는 경향이 있습니다. 문제는 이런 것이 영적인 것처럼 보일지는 모르지만 성경은 결코 이런 것을 하라고 명하고 있지 않으며 그런 체험을 기술조차 하고 있지 않다는 것입니다.[3]

첫째로 우리는 오히려 그의 말씀을 통해 그분을 구하고, 둘째로 그의 말씀에 토대를 둔 체험을 통해 그분을 구하며, 셋째로 그의 말씀이 일러주는 방법대로 매일의 삶을 통해 그분을 구하라는 말씀을 듣고 있습니다. 이런 방식으로 하나님은 자기 자신을 계시하시며, 이런 목적을 위해 말씀을 선물로 주시고 우리와 교제하십니다.

예를 들어 성경을 읽거나 묵상할 때, 혹은 설교를 들을 때 그것이 하나님의 음성으로 들리기를 기대할 수 있습니다. 회중 예배나 성만찬과 같은 의식에 참여할 때 믿음으로 그리스도의 영적인 임재를 기대할 수도 있습니다. 그리고 숲을 거닐거나 직장의 문턱을 들어서는 순간에도 하나님의 임재를 구하고 감지할 수 있습니다. 왜냐하면 하나님은 어느 곳에나 계시다고 성경이 말하고 있기 때문입니다.

이것은 어떤 신비한 방법으로 하나님의 임재를 경험해 보려고 안간힘을 쓰는 것과는 다릅니다. 그런 것은 이교도 또는 범신론자들이나 할 수 있는 일입니다. 그리스도인이 그들과 다른 점은 직접적인 방식이 아닌, 성경 안에 계시된 하나님의 진리를 통해 하나님의 임재를 구하고 경험할 수 있다는 것입니다.

어떤 사람이 직장에서 "주님 여기 계시지요? 저는 하나님이 어디에나 계시겠다고 말씀하셨기 때문에 당신이 여기 계심을 압니다"라고 조용히 말할 수 있는 이유도 이 때문입니다. 우리는 이 진리에 근거해 모든 곳에 계시는 하나님의 임재를 확인하고 누릴 수 있습니다.

성경을 통한 직간접적인 하나님의 임재를 구할 때 우리는 우리가 생각하고 싶은 대로 하나님을 상상해서는 안 됩니다. 하나님을 경험하는 것은 우리 개인의 생각에 의해서가 아니라, 하나님이 계시하신 진리에 기초해야 합니다. 그렇게 될 때, 우리의 취향대로 만들어낸 신이 아니라 실제 모습 그대로의 하나님의 임재를 우리가 경험할 수 있는 것입니다(덧붙여 말하자면, 우리는 자신이 원하는 대로 하나님을 만들어 내는 사람들의 말처럼 "하나님은 그렇지 않으실 거야"라는 식의 이기적인 고백을 내뱉을 가능성이 좀 더 줄어들 것입니다).

지금 저는 현관 앞에 있는 그네에 앉아서 늦은 8월 오후의 뉘엿뉘엿 지는 해를 물끄러미 바라보고 있습니다. 바람이 없는 차분한 날입니다. 여름밤에 지저귀는 곤충들의 요란한 소리가 막 들려오기 시작합니다. 제가 앉아 있는 오른쪽으로 약 100미터 정도에는 지빠귀가 이웃집 정원 뒤에 있는 나무 틈에 몸을 숨긴 채 소리를 높이고 있습니다. 두 집 건너쯤 되는 곳에서는 십대 아이가 틀어놓은 것 같은 음악소리가 희미하게 들려오고, 멀리서 잔디 깎는 기계의 단조로운 소리도 들려옵니다. 하나님은 지금 이곳에 계십니다.

제가 그분을 느낄 수 있기 때문에 하나님의 임재를 느끼는 것일까요? 아닙니다. 그리스도인이 아닌 이웃 사람도 '영적인 체험'을 얼마든지 할 수 있습니다. 비록 하나님의 임재에 대한 경험은 아니라도 그들 나름대로 다른 어떤 실감나는 체험을 하게 됩니다. 그러나 저는 하나님이 여기에 계시며 제가 그분의 임재를 누리고 있다는 것을 정말로 압니다. 그것을 어떻게 압니까? 바로 성경이 그렇게 말하고 있기 때문입니다. 저는 하나님에 대한 나의 경험을 하나님의 말씀에 근거해 확인합니다.

그러나 하나님에 대한 저의 경험은 그냥 그분이 제 자신의 호흡보다 가까이, 제 자신의 피부보다 더 바짝 옆에 계심을 아는 것 그 이상입니다. 성경은 또한 저에게 현존하시는 하나님의 성품에 대해 말해 줍니다. 그러므로 저는 단지 현존하실 뿐 아니라 거룩하신 하나님을 추구해야 합니다는 것도 압니다. 그리고 그분은 자비하시며 오래 참으시고 저와 얘기하는 것을 즐기신다는 것을 압니다. 저는 이 순간(매순간) 저의 모든 것(저의 생각, 동기, 두려움, 열망, 감정, 염려, 정신적 육체적 상태)을 아시며 도저히 이해할 수 없을 만큼 저를 사랑하시며 저와 동행하시는 그분이 존재하심을 압니다. 마치 우주가 지구를 감싸 안고 있듯이 전능하신 그분의 임재가 저를 감싸 안고 있다는 것을 압니다. 또한 모든 세계가 하나님 자신이 정해 놓은 종말을 향해 달려가고 있음을 압니다. 저와 동일한 육신을 입은 적이 있으시기에 저를 너무나도 잘 이해하시는 그분의 임재를 인식하면서, 저는 언젠가 그분 앞에 설 날을 기다립니다.

저는 베들레헴에서 탄생하셔서 갈보리에서 마지막 숨을 거두신, 저의 죄를 속해 주시기 위해 자신의 목숨을 버리셨고 이제는 저를 천국 집으로 인도하시기 위해 다시 재림하실 그분을 신뢰합니다.

이것은 실제로 보이지도 않는 신의 임재를 구하는 것과는 전혀 다른 차원의 것입니다. 그런 신은 분명하고 확실하게 알려진 것이 아무것도 없습니다. 그것은 어떤 인격과의 만남이 아닌, 신비스런 경험을 추구하게 하여 인격과 임재를 구별할 수 없게 합니다. 묵상을 통해 하나님의 임재를 경험하지 못한다면 어떻게 성경에서 말하는 하나님을 알 수 있단 말입니까? 마음속 깊은 곳에서 경험한 신비하고 놀라운 일들이 단순히 만들어낸 것이 아니라는 것을 어떻게 확신할 수 있을까요? 실제로 "광명의 천사"(고후 11:14)로 교묘히 가장한 마귀를 대면한 것이 아니었다는 것을 나 자신과 다른 사람들에게 어떻게 확신시킬 수 있을까요?

하나님에 대한 헌신에 관한 고전 《하나님을 바로 알자》에서 A.W 토저는 하나님의 임재를 정확하게 이해하는 사람에 대해 이렇게 쓰고 있습니다.

> '하나님의 임재 연습'은 자기 자신의 마음속에서 상상의 대상을 투사한 다음 그 임재를 깨달으려는 시도가 아닙니다. 그것은 오히려 모든 건전한 신학에서 이미 계시다고 선언한 그분의 실체적인 임재를 깨닫는 것입니다. 그분은 객관적인 존재이며, 그의 피조물들이 그분을 어떻게 이해하는가와 상관없이 존재하는 분입니다. 그런 임재의 결과는 환영(환상)의 경험이 아니라 실체적인 경험입니다.[4]

그러므로 제가 당신에게 "하나님의 임재에 대해 전보다 더 민감하십니까?"라고 물을 때, 단순히 당신이 하나님이 가까이 계신 것과 같은 체험을 했는가를 묻는 것이 아닙니다. 오히려 저는 당신이 잠시 멈춰 서서 자신이 있는 곳에서 점차 더 많이 하나님의 임재를 깨닫고, 그곳에 임재하시는 분이 누구이신지를 생각하고 있는가를 묻고 있는 것입니다. 당신은 어느 곳에나 거하고 계신 주님을 기뻐함으로써, 그분의 임재의 아름다움을 흠모하며 그분의 임재의 달콤함을 마음껏 즐기고 있습니까?

하나님의 내버려두심을 통한 성장

영적 성장이 곧 하나님의 임재를 더 많이 경험하는 것을 의미하지는 않습니다. 오히려 주님과의 친밀감이 적더라도 영적으로는 성장하는 경우가 있습니다.

우선 저는 그리스도인이 하나님의 임재를 매일같이, 평생 동안 동일하게 인식한다는 것에 의문을 가지고 있습니다. 그것도 점점 더 깊이 인식하게 된다는 것에 대해서도 마찬가지입니다. 그것은 타락한 세상에서 죄인으로 살아가는 현실을 무시하는 것입니다. 둘째로, 하나님은 성도들의 영적인 유익을 위해 실제로 그분의 임재를 의도적으로 느끼지 못하게 만드는 때가 종종 있습니다. 청교도들은 그런 경우를 '하나님의 유기'라고 지칭했는데, 하나님이 우리를 버리신 것처럼 느껴지는 때를 말합니다.[5] 그러나 하나님의 임재를 우리가 인지하지 못했다 해도 그분은 여전히 우리 곁에 계십니다.

영적인 삶에 관한 불후의 명작인 존 번연의 《천로역정》에 나오는 주인공 '그리스도인'은 사망의 음침한 골짜기라 불리는 어둡고 무시무시한 장소를 여행합니다. 그것은 그가 이제까지 겪은 시련 중 가장 혹독한 시련이었습니다. 그는 정말 그렇게 외로워본 적이 한 번도 없었습니다. 하나님의 음성이 전혀 들리지 않았을 뿐만 아니라, 그 역시 너무 당황한 나머지 영적인 원수가 속삭이는 불경스러운 말과 '자기 자신이 하는 말'을 구분조차 하지 못했습니다. 존 번연은 이렇게 적고 있습니다.

> 때때로 그는 다시 돌아가야겠다는 생각이 절로 들다가도, 자신이 계곡의 중간 지점을 지나왔을지도 모른다는 생각을 다시 하면서 … 다시 돌아가는 것이 앞으로 나가는 것보다 훨씬 더 힘들지 모른다는 생각에 마음을 다시 다잡고 전진했습니다.[6]

'그리스도인'은 자기가 완전히 혼자라고 느꼈지만 그는 혼자가 아니었습니다. 오직 믿음을 가지고 전진해갈 때 그는 당시는 이해하지 못했던 방식으로 성장하고 있었습니다.

만일 이번 장을 읽다가 당신이 '나는 최근에 하나님의 임재를 많이 느끼지 못했다'는 생각이 든다면, 하나님의 임재를 체험하지 못하지만 그것에 대한 인식을 갈망하는 것과 하나님의 부재를 전혀 의식하지 못하면서 일상적으로 살아가는 것은 전혀 별개의 문제임을 주의하기 바랍니다. 예수님이 십자가에서 "나의 하나님, 나의 하나님, 어찌하여 나를 버리셨나이까"(마 27:46)라고 절규했던 것과 삼손이 막 잡히기 전에 "내가 전과 같이 나가서 몸을 떨치리라 하였으나 여호와께서 이미 자기를 떠나신 줄을 깨닫지 못하였더라"(삿 16:20)라는 구절의 부르짖음은 전혀 다릅니다. 전자의 하나님 부재가 그리스도인의 '고뇌'라면, 후자의 하나님 부재는 그리스도인의 '냉담'입니다. 만일 하나님이 당신과 함께 하심을 인식하지 못하고 있다면, 설령 당신이 그리스도를 닮는 일에 진보가 있고 하나님의 뜻 가운데서 인내하고 있다 할지라도, 혹시나 당신이 삼손처럼 그분의 축복을 의식하지 못하면서 삶에 만족하거나 또는 일상에 얽매여 있지는 않은지 돌아보아야 할 것입니다.

존 스티븐슨은 이런 열망의 개발을 촉구했습니다.

영원하며 영적인 모든 축복 가운데 가장 큰 축복은 하나님의 임재입니다. 우리 마음의 가장 강렬한 열망들은 하나님의 임재를 향해 고정되어야 합니다. 하나님의 임재는 가장 열정적으로 강청함에 대한 근거이며 보답으로서 주어지는 것입니다. 우리 영혼이 칠흑 같은 어둠 속에 있다 하더라도, 하나님의 임재가 없어진다 하더라도, 어느 누구도 하나님을 창조주로 경외하지 않는다 하더라도, 그분의 마음을 만족시켜 드리지 못한다 하더라도 그분의 빛을 갈망하는 것이 우리의 시작과 끝이 되어야 합니다. 그 빛이 우리를 떠나 있는 동안은 우리에게 진정한 행복도, 안식도 존재하지 않습니다.

만일 우리가 이런 것을 집요하게 추구하지 않는다면, 그것은 우리에게 자녀 된 자로서의 감정이 결핍되어 있다는 것을 증명하는 것이고, 하늘 아버지에 대한 사랑이 별로 없거나 전혀 없음을 보여

주는 것입니다. 이런 사랑 때문에 예수님은 감람산 언덕과 갈보리 십자가 위에서 아들로서 마음이 거의 터질 지경에 이르렀을 것입니다. 그의 영혼은 온통 아버지의 얼굴에서 나오는 미소를 간절히 보고자 했습니다. 그는 아버지의 선하심을 알고 있었고 그가 그것을 더욱더 강하게 구하면 구할수록 그것을 더 많이 얻는다는 것을 알고 있었습니다."[7]

하나님의 임재를 경험하는 4가지 방법

하나님의 임재를 계속해서 인식하는 가운데 지속적으로 성장하기 위해서 우리는 어떤 실천적인 단계를 밟아갈 수 있을까요?

1. 하나님이 자기 자신을 가장 분명하게 계시하시는 장소를 자주 찾으십시오. 그곳은 바로 성경입니다. 마틴 로이드 존스는 하나님의 말씀에 대해 이렇게 말했습니다.

하나님의 말씀은 그것을 더 많이 알고 더 많이 읽을수록 우리를 더 많이 하나님의 임재 가운데로 인도합니다. 그러므로 당신이 만일 주님을 항상 당신 앞에 모시기 원한다면 많은 시간을 규칙적으

로 성경을 읽는 데 보내도록 하십시오.⁸

이 말이 처음에는 너무나 당연한 것처럼 들리기 때문에 많은 사람은 고개를 끄덕입니다. 하지만 얘기를 듣고 돌아서자마자 자신도 모르는 사이에 성경이 말하고 있지도 않는 경험을 되살리며 거기에서 하나님의 임재를 찾으려 합니다. 하나님이 우리에게 자신을 알리실 목적으로 주신 방법, 곧 성경에 의해서 우선적으로 하나님의 임재를 경험하기를 기대해야 하지 않을까요?

그러나 성경을 그냥 읽기만 하고 끝내서는 안 됩니다. 묵상을 통해 하나님의 말씀의 물을 빨아들여야 합니다. 그렇게 하지 않으면 성경을 읽은 것이 길가에 흩뿌려진 비와 같이 될 수 있습니다. 말씀에 머물면서 그것이 영혼의 밭에 스며들도록 잠잠히 있으십시오. 하나님의 음성이라고 여겨지는 것을 들을 때까지 충분히 말씀에 귀를 기울이십시오.

2. 하나님과 대화함으로써 그분의 임재를 인정하십시오. 한 방에 함께 있으면서도 아무 말도 하지 않는 남편의 태도에 대해 아내들은 불평합니다. 자신이 무시당하고 있는 느낌을 받기 때문입니다. 이런 상황에서 친밀감이 생길 수 있을까요? 물론 아닙니다. 기도생활이 침체되면서 점점 더 힘을 잃어갈 때, 하나님이 가까이 계심을 의식하지 못하게 되는 것은 전혀 놀랄 만한 일이 아닙

니다. 하나님은 바로 여기에 계시는 실체적인 인격입니다. 그분을 인정하지 않고 무시한다면 그분이 멀리 계신 것처럼 느껴질 것입니다. 그분과 얘기를 나눠 보십시오. 그러면 그분이 좀 더 가까이 계시다는 것을 느끼게 될 것입니다.

이 책의 1장에서 언급했던 것처럼 저는 지금 이런 맥락에서 성경, 특히 시편을 가지고 기도하는 습관을 당신에게 권하고 싶습니다. 하나님 자신의 마음과 생각 속에서 시작된 말씀이 당신 자신의 마음과 생각이 담고 있는 짐을 하나님께 다시 배달해 주는 마차 역할을 하도록 만들어 보십시오. 저는 캘리포니아로부터 캐롤라이나 주에 이르는 여러 신학교에서 이런 고대의 기도 방법을 가르쳐왔는데 수많은 사람이 하나님의 말씀으로 기도할 때 전에는 결코 경험한 적이 없는 하나님의 임재를 경험했다고 증거 했습니다. 이와 같이 기도함으로써 진정한 기도를 경험하게 됩니다. 즉 하나님과의 인격적인 대화를 실제로 경험하게 됩니다.

3. 회중예배 가운데서만 경험할 수 있는 하나님의 임재는 특별합니다. 예배 가운데 임재하시는 그분을 구하십시오. 성경은 모든 그리스도인이 성령의 전이라고 말합니다(고전 6:19). 그러나 성령의 전에 대한 구체적인 언급은 개별적인 성도들에 대한 것이라기보다는 성도들의 모임에 대한 것으로써 훨씬 더 자주 언급되고 있습니다(고전 3:9, 16-17). 그러므로 하나님의 백성과 함께 예배하는

것은 하나님의 임재가 있는 하나님의 전에 가는 것과 같은 의미가 있습니다. 참된 교회에서는 그분의 말씀이 선포되며, 성만찬을 하는 가운데 성자 하나님이 임하시며, 그의 영이 여러 가지 다양한 은사들을 통해 역사하시는 것과 같은 일이 일어납니다. 혼자 예배하는 사람에게는 이와 동일한 하나님의 임재를 경험하지 못합니다. 물론 혼자 드리는 예배 가운데서만 경험할 수 있는 하나님의 임재가 있긴 하지만, 공적 예배를 통해 경험하는 주님의 임재는 이것과 비교할 수 없습니다.

4. "하나님은 모든 곳에 거하신다"라는 진리를 계속해서 재확인하십시오. 사실 하나님은 언제 어디에나 계십니다. 스스로 '우리와 함께 계시는 하나님,' 곧 임마누엘이신 그분은 그의 백성에게, "내가 너희와 항상 함께 하리라"는 명확한 약속을 주셨습니다(마 28:20). 주님은 우리가 그분의 임재를 느끼지 못한다 하더라도 우리와 함께 하십니다. 그렇지만 설령 우리가 아는 것이 진실이 아닌 것처럼 느껴질 때조차도 우리는 그것이 진실임을 재확인해야만 합니다. 이것은 우리가 감정보다는 믿음을 따라 살도록 도와줄 것입니다.

"하나님이 아주 멀리 계신 것 같아"라고 내 감정이 아주 강하게 말할 수도 있습니다. "지금 내게 일어나고 있는 일을 모르고 계시는 것은 아닐까? 왜 내 기도에 응답해 주시지 않을까?"

진리 안에 거하는 믿음은 이런 질문에 대해 이렇게 대답합니다. "하지만 하나님은 계셔. 그분은 결코 나를 버리거나 포기하지 않으신다고 약속하셨어. 내가 그분의 임재를 느끼던 느끼지 않던 진리는 하나야. 하나님은 내 삶의 어떤 순간에도 나와 함께 계셔. 나는 진리를 믿을 거야."

진리를 재확인하는 것은 우리를 둘러싼 하나님의 임재의 증거를 찾는 일을 더욱 고무시킬 것입니다. 아우구스티누스는 어느 날 자신의 신상을 휘두르면서 "나의 신은 여기 이렇게 있는데, 너의 신은 지금 어디 있는지 말해 봐라"라고 말하는 어떤 남자의 도전을 받았다고 합니다. 아우구스티누스는 이에 대해, "나는 나의 신을 당신에게 보여줄 수 없소. 당신에게 보여줄 수 있는 신이 없기 때문이 아니라, 당신이 그분을 볼 수 있는 눈을 가지고 있지 않기 때문이오"라고 응수했다고 합니다.

아우구스티누스를 대적했던 사람과는 달리 그리스도인은 성령을 받았습니다. 성령은 피조물과 그리스도와 성경 안에서 자연인은 보거나 믿을 수 없는 방식으로 하나님의 계시를 우리가 믿도록 조명해 줍니다(고전 2:9-16). 그러나 우리가 볼 수 있는 안목을 가지고 있다는 사실과 그 안목을 잘 사용하는 것이 동일한 의미는 아닙니다. 다시 말해, 우리 주위에는 종종 우리가 이해하는 것 이상으로 하나님의 임재를 증거하는 것들이 아주 많이 있습니다.

주위를 한번 둘러본 다음에 시야에 들어오는 사물 가운데 푸른색을 지닌 모든 것을 주목해 보십시오. 계속 그렇게 해보십시오. 당신이 그렇게 할 때 당신은 주위에 있는 푸른색을 가진 것들에 대해 민감한 눈, 곧 '푸른색을 식별하는 눈'을 개발하게 됩니다. 우리는 '하나님을 식별하는 눈'을 개발할 필요가 있습니다. 이처럼 우리는 우리가 사실이라고 생각하는 것, 즉 하나님이 우리와 함께 하신다는 것에 대한 증거를 볼 수 있는 감수성을 개발할 필요가 있습니다. 어느 곳에 있든지 모든 것들 속에서 하나님을 찾아라. 당신 자신에게 종종 이렇게 말하십시오.

"주님은 여기 계십니다!"

특히 일상적인 장소에서 그렇게 말하십시오. 컴퓨터 앞에 앉아 있을 때든, 주유소나 쇼핑센터에 갈 때든 스스로 주님이 함께 계심을 상기하십시오. 차 안이나 부엌에 있을 때 또는 가장 일상적이고 친숙한 생활을 하고 있는 동안에도 하나님이 당신과 함께하신다는 사실을 재확인하십시오.

이런 '하나님을 식별하는 눈'을 개발해 나갈 때, 우리는 점점 더 예수님을 닮아 가게 될 것입니다. 예수님은 항상 아버지의 임재를 인식하고 계셨습니다. 스펄전은 예수님에 대해 이렇게 말했습니다.

그는 많은 사람을 먹였지만 아버지의 양식을 가지고 먹었습니다.

그가 병자를 고쳤지만 그 일을 행하신 것은 아버지였습니다. …다른 사람들은 까마귀가 먹이를 얻었다고 말했지만, 그분은 "너희의 하늘 아버지께서 그것들을 먹이셨다"고 말했습니다. 다른 사람들은 백합화가 아름답다고 했지만, 그분은 "하나님이 들풀도 그렇게 입히신다"고 했습니다. 예수님은 하늘 아버지가 모든 곳에 계시며 모든 것 가운데 계신다고 말했습니다. …만일 모든 것 안에서 하나님을 발견할 수 없다면 그것을 볼 생각조차 하지 마십시오.⁹

하나님이 전혀 없는 것처럼 보이는 상황이나 장소에 정기적으로 처해 있게 되는 사람들을 위해 한마디 하는 것으로 이 장을 맺으려 합니다. 주님이 그곳에도 정말 계신다는 믿음을 재확인하는 것입니다. 그리고 주님께 당신이 다음에도 그런 장소와 일련의 상황 속에 처하게 된다면 그 사실을 생각나게 해달라고 간구하는 것입니다. 이런 상황들 가운데서 발생하는 한 가지 물건이나 소리 또는 활동을 생각해 두었습니다가 그것을 통해 다시 그 사실을 상기하면서 이렇게 기도하도록 하십시오. "주님, 저는 당신이 여기에 계심을 정말로 믿습니다. 그리고 당신의 임재하심에 감사드립니다."

그리스도인의 순례의 길에서 하나님의 임재에 민감해지고자 하는 당신과 함께 A.W 토저의 기도로 이번 장을 마치려 합니다. 그의 기도는 계속 성장하고자 하는 사람에게 매우 적합합니다.

하나님 아버지, 우리는 아버지께서 우리와 함께 계심을 압니다. 하지만 우리의 지식은 단지 진리의 표상과 그림자에 불과하며, 그런 지식이 마땅히 제공해 주어야 하는 영적인 맛이나 내적인 기쁨을 겸하지 못하고 있습니다. 이것은 우리에게 커다란 손실이며 심령이 약해지는 원인이 됩니다. 우리가 "당신의 임재 가운데 기쁨이 충만해집니다"라는 말의 진정한 의미를 체험하기 전에, 우리가 삶 속에서 고쳐야 할 부분을 즉시 고치도록 도와주소서. 아멘.[10]

영적 처방을 위한 네 번째 질문

하나님의 임재에 더 민감해졌습니까?

1. 문득 "아! 하나님이 나와 함께 하시는구나"라고 느꼈던 순간이 있었습니까?

2. 하나님이 여기 계시며 당신이 하나님의 임재를 누리고 있다는 사실을 어떻게 알 수 있습니까? 어떻게 하면 늘 하나님의 임재 가운데 살 수 있을까요? 하나님의 임재에 대한 당신의 믿음을 나누어 보십시오.

3. 예배 가운데 만나게 되는 하나님의 임재는 특별합니다. 교회의 공적인 예배에서 당신은 하나님의 임재를 경험합니까?

다섯 번째 영적 건강 처방전

다른 사람의 영적, 물질적 필요에 더 관심을 갖고 있습니까?

다른 사람들에게 선을 행하는 것보다
하나님을 더 참되게 닮아갈 수 있는 길은 없습니다.

존 칼빈

예수님이 죽으시고 부활하신 다음 약 1세기가 지났을 때, 안토니누스 피우스가 로마제국을 통치하고 있었습니다. 당시에는 모든 사람들이 황제를 숭배해야 했기 때문에 그리스도인들은 불충한 자들로 간주되었으며, 불법적인 종교의 추종자라고 해서 계속적으로 공격을 받았습니다. 안토니누스 피우스는 그리스도인들을 공식적으로 박해하지는 않았지만, 그들은 거짓된 비난으로 인해 계속해서 스스로를 변호해야만 했습니다.

바울은 자신도 모르는 사람들에게 자주 미움을 받았으며, 바울의 사역을 통해 사람들의 삶이 변화되는 일이 있을 때마다 폭동이 일어났던 것을 사도행전을 통해서 보게 됩니다. 그런데 이런 상황은 바울의 노고가 끝난 후 몇 십 년이 지날 때까지 지속되었습니다. 그리스도인들은 계속되는 거짓 비방과 부당한 판결을 감내하면서 살아가고 있는 형편이었습니다.

어느 날 아리스티데스가 안토니누스 피우스 앞으로 호출되어 그리스도인들을 변호하게 되었습니다. 그의 변론 중에는 다음과 같은 이야기가 나옵니다.

> 그들은 서로 사랑합니다. 그들은 과부의 궁핍함을 모른 체하지 않고 고아를 폭행으로부터 구출합니다. 가진 자들은 아무런 불평 없이, 그리고 떠벌림 없이 가난한 자들에게 베풉니다.[1]

기독교는 다른 사람들에 대해 관심을 가지는 종교입니다. 소위 '세계의 위대한 종교들'이라고 하는 종교 가운데, 기독교만큼 다른 사람들의 필요에 대해 관심을 가지는 종교는 없습니다. 현실적인 필요든, 영적인 필요든, 그것이 피부에 와 닿는 것이든, 눈에 잘 안 띄는 것이든 상관하지 않습니다. 기독교처럼 신분이 같은 사람들에 대해서 뿐 아니라 자신과 다른 집단에 속한 사람들에게까지 사랑과 자비를 보이는 종교는 없습니다.

다른 사람들의 필요를 살피는 지각 있는 눈과 다른 사람들을 돕는 데 신속한 손은 그리스도 안에서 거듭난 사람들의 표지입니다. 자신을 최우선하는 것이 비그리스도인의 특징이라면 다른 사람들에 대한 배려는 그리스도인의 가장 큰 특징입니다. 다른 사람의 필요를 채워 주는 것은 예수님의 방식입니다. 그리고 예수님을 따르는 사람들은 다른 사람들의 영적 및 현실적인 필요를 채워주는 일에 큰 관심을 보이며 그런 실천을 통해 예수님을 점점 더 닮아가게 됩니다.

성경적으로 균형 잡기

성경은 그리스도인들이 사람들의 영적이고 현실적인 필요 모두에 대해 관심을 가져야 한다고 가르칩니다. 우리의 주님이시며 본이 되시는 예수님은 종종 환자의 몸을 치유하시면서 동시에 진리를 가르치시는 모습을 통해 그 두 가지 관심에 대한 모범을 보이셨습니다.[2] 가르침과 현실적인 필요에 대한 이중적인 강조는 오순절 이후에 나타난 교회들의 특징이 되었습니다.

> 사도들이 큰 권능으로 주 예수의 부활을 증언하니 무리가 큰 은혜를 받아 그 중에 가난한 사람이 없으니 이는 밭과 집 있는 자는 팔아 그 판 것의 값을 가져다가 사도들의 발 앞에 두매 그들이 각 사람의 필요를 따라 나누어 줌이라 (행 4:33-35).

야고보, 베드로 및 요한이 바울과 바나바를 이방인을 위한 선교사로 파송하기로 결의했을 때, 바울은 그들이 자신들을 설교자로 보내는 것 외에 구제의 일을 부탁했음을 기록하고 있습니다. "다만 우리에게 가난한 자들을 기억하도록 부탁하였으니 이것은 나도 본래부터 힘써 행하여 왔노라"(갈 2:10).

복음주의자들은 대개 사회사업보다 선교와 복음 전파를 위해 더 많은 시간과 돈, 기도를 투자하는 전형적인 경향을 보입니다.

저는 그런 접근법이 이론상 성경적으로 건전하다는 것을 알고 있지만, 우리는 그런 식의 강조 속에 내재한 위험, 즉 현실적인 필요를 경시하는 것에 대해 경계해야만 합니다.

예를 들어, 야고보서 2장 15~16절은 이런 질문을 던집니다.

> 만일 형제나 자매가 헐벗고 일용할 양식이 없는데 너희 중에 누구든지 그에게 이르되 평안히 가라, 덥게 하라, 배부르게 하라 하며 그 몸에 쓸 것을 주지 아니하면 무슨 유익이 있으리요

다른 말로 하면 물질적으로 절박한 필요를 채워 주지도 않으면서 영적인 축복(복음을 전하는 것)을 주는 것은 아무에게도 도움이 되지 않는다는 의미입니다. 특히 그것을 받는 사람의 입장에서는 전혀 도움이 안 됩니다.

복음을 전할 때 사람들의 영적 굶주림으로부터 비쳐지는 공허한 눈빛과 함께 육체의 필요에 대해 절규하듯 들려오는 소리를 외면하는 것은 영적으로 잘 전달된 메시지를 반대하는 격이 됩니다. 즉 "저는 당신을 너무나 사랑하고 당신에 대해 너무나 관심을 가지고 있기 때문에 영생의 말씀을 당신에게 주기 원합니다. 그러나 저는 당신의 기본적이고 절박한 육체적인 필요에 대해서는 그다지 관심이 없습니다"라고 말하는 것과 같습니다. 이는 엄밀히 말해 자신이 말하고 있는 복음을 부인하는 것입니다.

비록 그렇다 하더라도 자기모순적인 복음 전도는 사실 거의 찾아보기 어렵습니다. 어떤 사람들은 그것이 거듭남의 필요성을 믿는 사람들이 흔히 범하는 잘못이라고 주장합니다. 물론 그런 일이 있는 것은 분명합니다. 하지만 그런 비난을 가장 열심히 퍼붓는 사람들 가운데 육체에는 필요한 양식을 주면서도 정작 영혼을 굶주리게 만드는 사람들이 종종 있습니다. 이들은 육체적, 물질적 필요에 대해서는 굉장한 관심을 보입니다. 하지만 복음을 전하는 일에는 좀처럼 손을 내밀지 않습니다. 이들은 자신들이 예수님과 같은 행동을 하게 되면 저절로 사람들의 영적인 필요가 채워질 것이라고 확신합니다. 하지만 그런 방법은 현실적인 필요가 절실한 사람들에게 그저 성경말씀과 복음을 담은 책자만 나눠주는 일과 다름없습니다.

성경이 이처럼 상호보완적인 진리를 제시할 때 우리는 너나 할 것 없이 모두 한쪽으로 편향되는 경향이 있기 때문에 이런 진리를 깨닫기 위해서는 겸손이 요구됩니다. 하지만 이런 균형 잡히지 못한 경향은 개개의 그리스도인에게서 뿐만 아니라 교회 안에서도 마찬가지입니다. 아마 당신도 저와 비슷할 것입니다. 복음을 나누는 일이나 굶주린 사람들에게 먹을 것을 주는 일 중 어느 한쪽이 더 편하고 중요하게 느껴질 것입니다.

성경에 관한 질문에 답을 주는 일과 과부의 집 지붕에 못을 박는 일 중 어느 하나를 하는 것이 더 편하게 느껴질 것입니다. 하지만 우리가 예수님을 더 닮아 가게 될 때, 우리는 현실적인 필요를 채우는 일이 영적인 필요를 채우는 일과 경쟁하는 것이 아니라 상호 보완적인 일임을 깨닫게 될 것입니다.

필요를 채워 주시는 예수님

궁극적인 필요를 채워 주시는 예수 그리스도는 현실적인 필요뿐만 아니라 영적인 필요를 충족시켜 주시는 '균형 잡힌 모습'을 보여주셨습니다. 그분은 천상의 특권을 버리시고 우리의 가장 큰 필요를 채워 주시려는 분명한 목적을 위해 이 땅에 오셨습니다. 그분은 "내가 온 것은 양으로 생명을 얻게 하고 더 풍성히 얻게 하려는 것이라"고 말씀하셨습니다(요 10:10).

모든 사람이 가지고 있는 최고의 필요는 영적인 것입니다. 우리는 모두 의도적으로 하나님의 율법을 범했고(롬 3:23), 무수히 많은 죄를 저질렀기 때문에 육체의 죽음(롬 6:23)과 심판(히 9:27) 그리고 영원한 형벌이라는 둘째 사망(계 21:8)에 직면하게 됩니다. 그러나 "그리스도는 많은 사람의 죄를 담당하시려고 단번에 드리신 바"(히 9:28) 되셨습니다. 그분은 "장래의 노하심"(살전 1:10)을 피할 수 있는 유일한 희망을 주시기 위해 오셨습니다.

예수님은 자신에 대해, "내가 문이니 누구든지 나로 말미암아

들어가면 구원을 받는다"(요 10:9)라고 말씀하셨으며, 와서 회개하고 믿는 모든 자들에게(막 1:15) "내가 그들에게 영생을 주겠다"(요 10:28)고 약속하셨습니다. 예수님은 다음 세상으로 들어가는 생명의 문으로서 자신을 내주시기 위해 오셨습니다. 그곳은 경쟁도 없고, 끝도 없으며 형언할 수 없는 영광과 즐거움이 가득한 세상입니다. 하나님과 함께하는 삶인 것입니다.

그분의 우선적인 목적은 우리의 영원한 필요를 채워 주시는 것이지만, 그분은 사람들의 현실적 필요를 외면하지 않으셨습니다. 마가복음 6장 34절은 이 두 가지 목표를 성취하시는 그분의 방법이 완벽하게 잘 나타나 있습니다. "예수께서 나오사 큰 무리를 보시고 그 목자 없는 양 같음으로 인하여 불쌍히 여기사 이에 여러 가지로 가르치시더라"(막 6:34). 그들의 절망에 대한 긍휼히 여기는 마음으로 그분은 그들에게 하늘로부터 오는 진리를 가르치실 수밖에 없었습니다. 그런 다음 오병이어의 기적으로 알려진 사건을 통해 그들의 굶주린 배를 채워 주셨습니다.

만일 우리가 예수님의 관점에서 사람들을 본다면 우리는 그들을 "목자 없는 양"으로 느끼기 시작할 것입니다. 많은 사람이 자신은 그런 처지에 있다고 생각하지 않을지 모르지만 사실은 그런 처지에 있습니다. 그들은 현실적으로 필요한 것은 없어 보일지 모르지만 영적인 필요는 분명히 가지고 있습니다. 그들은 무신론자인 매덜린 머레이 오헤어가 한때 그랬던 것처럼 자신만만해 보일지 모릅니다. 그러나 그들 내면 깊은 곳에서는 그녀가 자신의 일기에 적었던 것처럼, '누군가가 어디에선가 나를 사랑하고 있을 거야.'[3] 라는 생각을 종종 합니다. 모든 사람은 그의 자만심이 얼마나 두꺼울지는 몰라도 모두 궁핍한 면을 가지고 있습니다. 한 가지 보편적인 공통분모는 모든 사람들에게는 영적인 필요가 있는데, 그 중 가장 중요한 것은 영혼의 목자이신 예수님에 대한 필요라는 것입니다.

예수님의 영이 거하는 사람은 쉽게 발견할 수 있는 다른 사람들의 현실적인 필요와 영적인 필요에 대해 무감각한 상태로 있을 수 없습니다. 그리스도를 닮는 일에 있어 성장한다는 것은 다른 사람들의 필요에 대해 이전보다 더 빨리 감지한다는 것입니다. 사람들을 불쌍히 여기는 마음을 통해 그리스도인의 성숙의 정도가 어떠한지 가늠할 수 있습니다. 그것은 단지 겉으로만 드러내기 위한 것이 되어서는 안 됩니다. 다른 사람의 물질적 필요에 대해 무관심하거나 또는 불신자에게 약간의 의무감 때문에 성경 몇 구절 읽어 주면서 그들을 냉정하게 지옥 길로 보내는 것은 그리스도를 닮은 모습이라 할 수 없습니다.

이것은 다른 사람들의 필요를 우리가 언제나 채워주어야 합니다는 의미가 아닙니다. 예수님도 원하기만 하셨다면 즉각적으로 채워줄 수 있었던 모든 필요에 대해 일일이 반응하지는 않으셨습니다. 그분이 "병든 자들을 다 고치신"(마 8:16) 경우가 있었던 것은 사실입니다. 하지만 항상 그렇게 하신 것은 아닙니다. 누가복음 12장 1절의 기록처럼 "그 동안에 무리 수만 명이 모여 서로 밟힐 만큼" 된 그런 경우가 많이 있었음을 복음서는 우리에게 말합니다. 예수님은 자주 자신들의 필요를 가지고 나오는 수천의 무리들에 의해 밀려다니셨습니다. 그들 중 많은 사람은 병든 자신의 남편이나 아내 혹은 아이에게 그분의 손길이 그저 닿기만을 바라면서 소리를 질러댔고, 어떤 사람은 병 고치는 것이나 눈뜨기를 간구하기도 했으며, 또 어떤 사람은 자신을 불쌍히 여겨 달라고 간청했습니다. 그러나 간혹 그분은 걸음을 재촉하거나 배를 타고 떠나가셨습니다. 예수님은 그들의 필요를 알고 있었습니다. 그러나 그 순간 하나님의 뜻이라고 알고 있었던 다른 것을 향해 발걸음을 옮기셨던 것입니다. 우리도 성장하는 그리스도인이라면 예수님과 같이 그 일을 해야 합니다.

기독교 역사 속의 영웅들

교회에서 가장 칭송받는 사람들은 항상 예수님을 가장 많이 닮은 그분의 제자들이었습니다. 그들은 예수님처럼 사람들의 영적인 필요와 현실적인 필요 두 가지를 채워 줌으로써 사랑을 보여주었습니다.

헌신과 열심에 있어 정말 훌륭했던 그리스도인들이 아이들과 고아를 돌보는 일에 어떻게 헌신해 왔는지 살펴봅시다. 5~6세기로 거슬러 올라가 보면 그리스도인의 영향으로 로마제국의 어린이들이 법적으로 보호를 받게 됩니다. 울리히 츠빙글리는 로마 교회와 결별한 후에, 취리히의 의회를 설득하여 몇 지역에 있는 수도원들을 고아원으로 바꾸어 놓았습니다. 또한 조지 휫필드는 그의 수입 중 많은 부분을 식민지였던 조지아 지방의 고아원을 세우는 일에 바쳤습니다.

윌리엄 윌버포스가 이룬 업적이 수만의 어린이들에게 미친 영향에 대해 생각해 보십시오. 그는 수십 년간을 영국 의회에서 인내함을 통해 노예제도를 종식시키는 근대적인 운동을 시작했습니다. 같은 시기에 윌리엄 캐리는 인도에서 아이들을 희생 제물로 바치고 미망인을 화장하는 수백 년 된 오랜 관습을 법적으로 금지시키는 일을 했습니다. 앤토니 애쉬리 쿠퍼, 일명 샤프츠베리 경은 영국에서 어린이 노동 착취에 대항하는 투쟁을 이끌었으며, 정신병 환자들의 치료를 개선시키려고 노력했습니다.

조지 뮬러는 기도와 신앙에서 교회의 위대한 영웅으로 평가받고 있습니다. 그의 일기에는 기도에 대한 구체적인 응답을 5만 번 이상 받았다고 기록되어 있습니다. 그러나 대부분 이런 기도들은 동일한 목적을 위한 것이었습니다. 즉 19세기 영국의 브리스톨에서 한때 2천 명에 이르던 고아들에게 먹고, 입고, 자고, 교육할 수 있는 자원들을 공급해 줌으로써 하나님께 영광을 돌리기 위한 것이었습니다. 조지 뮬러는 자신의 필요를 결코 하나님 외에 그 누구에게도 알리지 않았지만, 주님은 수천만 달러의 돈을 조지 뮬러의 손을 통해 기쁘게 전달했습니다.

찰스 스펄전 목사는 늙은 과부들을 위해 17채 이상의 집을 지어 주었으며, 인종과 배경에 상관없이 수백 명의 어린이를 돌보는 고아원을 세웠습니다. 이 고아원을 통해 결국은 66개 이상의 사역 단체가 시작되었다는 사실을 사람들은 자주 망각해 버립니다. 이런 단체들의 대부분은 런던시 안에서 상대적으로 더 가난한 지역을 택하여 봉사했으며, 때때로 스펄전 자신이 혼자서 이런 단체의 재정을 전부 뒷받침해 주기도 했습니다.

오늘날 미국에서는 미연방의 모든 주에 있는 그리스도인들이 부모가 없는 아이들이나 미혼모들을 위해 가정과 교육을 제공합니다. 게다가 예수님을 따르는 사람들은 태아의 생명을 보호하려는 노력을 앞장서서 해나가고 있습니다.

역사적으로 항상 그리스도인들은 과부와 고아를 부양하고, 병원을 건축하며, 세계 모든 대륙에서 재난 구조의 일을 선도해 왔습니다. 예수 그리스도의 복음이 전해지는 곳은 어디서나 의료, 교육, 가난한 사람들에 대한 구호가 뒤따랐습니다. 사람들의 필요가 있는 곳, 즉 기아, 식수 부족, 문맹, 질병, 무주택, 또는 다른 불행을 유발하는 어떤 것이든 그리스도인들은 최전방에서 세상의 필요를 위해 일해 왔습니다.

기독교는 다른 사람들에게 관심을 쏟는 종교입니다. 그러나 그리스도를 닮고자 하는 관심이 가장 크게 나타나는 것은 예수님의 지상 명령에 순종해서 그분에 대한 복된 소식을 세상 모든 사람에게 전달하려고 할 때입니다. 언제 어디서든지 사람들에게 가장 우선적으로 필요한 것은 구원임을 기독교인들은 알고 있습니다. 즉 하나님과 올바른 관계를 맺는 것을 가장 중요하게 여깁니다. 이것이 예수님의 마음이었습니다. 우리가 그분을 더 많이 닮아 갈수록 우리도 그분의 마음에 있는 거룩한 부담이 우리의 마음을 무겁게 억누른다는 것을 발견하게 될 것입니다.

다른 사람들의 필요를 채우는 3가지 방법

혹시 균형을 잃었습니까? 말은 똑바르게 잘 해왔지만, 다른 사람들의 영적인, 혹은 현실적인 필요를 채워 주는 일은 한 번도 해 본 적이 없습니까? 그렇다면 지금 할 일은 무엇입니까?

1. 위대한 안과의사에게로 가십시오. 사람들은 종종 예수님을 위대한 의사라고 부릅니다. 그러나 그분은 위대한 안과의사, 또는

안과박사로도 부를 수 있습니다. 이 땅에서 사역하시는 동안 그분은 영적인 눈이 멀어 있는 사람들의 눈을 뜨게 하실 수 있음을 보여주기 위해 소경을 고치셨습니다. 일단 "예수 그리스도의 얼굴에 있는 하나님의 영광을 아는 빛"(고후 4:6)을 보고 나면 우리의 영적인 어둠은 사라지게 됩니다. 만일 그분이 이미 당신에게 영적인 시력을 허락했다면, 지금 위대한 안과의사에게 가서 당신의 시력을 그분의 시력처럼 더 잘 볼 수 있게 해달라고 구하십시오.

작년에 저는 양쪽 눈 수술을 받은 적이 있습니다. 5분 정도 진행된 레이저 수술이었습니다. 수술 후 미국에서 가장 나쁜 시력을 가진 15퍼센트 안에 들던 제 눈이 양쪽 모두 정상으로 돌아왔습니다. 하지만 시력이 금방 좋아진 것은 아니었습니다. 다음날 아침 눈의 밴드를 제거했을 때도 시력이 어느 정도는 나아졌지만 완전히 교정되지는 않았습니다. 시력이 정상적으로 회복되기까지는 여러 달이 걸렸습니다. 저는 안과 의사를 자주 찾아갔고 그가 돌봐 주는 가운데, 이전에 안경을 착용했을 때보다 훨씬 더 잘 볼 수 있게 되었습니다.

이처럼 우리는 일단 거듭난 다음에는 우리의 영적인 시력을 비롯해서 "새로운 피조물이 됩니다"(고후 5:17). 성령은 이전에는 결코 보지 못했던 우리 자신과 성경, 그리고 세상 속에 있는 너무나 많은 것들을 볼 수 있도록 우리 눈을 밝히십니다. 그러나 우리의 시력은 아직 완벽하지는 않습니다. 계속해서 위대한 안과의사에게 나아가 당신이 보기 원하는 것을 볼 수 있게 해달라고 구해야 합니다.

당신의 시각이 점점 더 그리스도를 닮아갈 때 당신은 전에는 보지 못했던 다른 사람들의 영적인, 현실적인 필요들을 발견하기 시작할 것입니다. 당신은 그들의 눈에 눈물이 고이기 전에 그들의 마음에 있는 눈물을 포착할 것이며, 자신들조차 자신의 마음이 얼마나 공허한지 알지 못하는 사람들의 마음속에서 공허함을 발견하게 될 것입니다. 당신이 전혀 알아채지 못했던 아픔과 필요들이 가장 가까운 사람들과 장소에서 모습을 드러내기 시작할 것입니다.

당신의 영적인 시력도 이 정도 수준이 됩니까? 만일 아니라면 한번 검진을 받아 봐야 할 것입니다. 위대한 안과의사에게 영적으로 근시안인 당신의 눈을 교정해 달라고 부탁하십시오.

2. 모든 사람의 마음과 가정 속에 있는 상처를 찾아보십시오. 20년 이상 목회를 하면서 저는 모든 사람의 마음과 가정에는 상처가 있음을 알게 되었습니다. 겉으로는 모든 것을 다 가지고 있는 것처럼 보이는 부자들도 마찬가지입니다.

제가 2년 동안이나 돌본 다음에서야 그들이 가진 가장 큰 상처를 알게 되었던 한 부부가 기억납니다. 그들은 저와 아주 친했습니다. 남편은 우리 교회에서 평신도 리더였고, 아내는 자매 성경공부반을 인도했습니다. 그는 세계적으로 유명한 회사의 국제본

부에서 근무하는 수석 변호사였습니다. 이런 모든 세상적인 성공과 확고한 영적인 리더십에도 불구하고 친교에 걸림돌이 되는 아주 힘겨운 짐 하나를 짊어지고 있었습니다. 특이하게도 교회에서 누구도 이것을 눈치 채는 사람이 없었습니다. 10년 전 그들이 다른 도시에 살던 때 당시 십대 소년이었던 아들이 마약에 손을 댔습니다. 그런데 처음이자 마지막으로 먹은 이 마약이 영원히 그의 정신 상태를 바꿔 버렸습니다. 그때까지만 해도 그는 모범적인 아들이요 장래가 촉망되던 학생이었습니다. 하지만 그날 이후부터 그 아들은 그들의 마음을 짓누르는 골칫거리가 되어 버렸습니다.

아들은 부모와 같이 살지 않았기 때문에 교인 중 누구도 그 가정의 슬픔과 희생, 그리고 어려움을 알 수 없었습니다. 교인들은 이 부부야말로 모든 일이 순탄하고 근심이 없는 사람들이라고 생각했습니다. 하지만 만일 이들의 진짜 형편을 알았다면 그들을 부러워할 사람은 한 명도 없었을 것입니다.

저는 미국의 모든 가정들이 평균 6개월마다 한 번씩 위기 내지는 변화를 경험하게 된다는 통계를 읽은 적이 있습니다. 이런 것에는 출산, 죽음, 부상, 심각한 질병, 전직이나 이직, 자동차 사고, 재정적인 파산, 혹은 자녀의 가출 같은 사건이 포함됩니다. 이런 각각의 상황들은 결과적으로 우리에게 예수님의 사랑을 가지고 영적인 것과 현실적인 필요를 채워줄 수 있는 새로운 기회를 제공합니다. 이 장을 쓰는 동안 저는 한 친구에게 복음을 전할 기회가 있었습니다. 그는 3년 동안 제가 하나님에 대해 얘기하려 할 때마다 그것을 뿌리쳤었습니다. 그러나 그의 아버지가 돌아가시고 며칠이 지나 제가 찾아갔을 때 그는 영원에 대한 것과 자신의 생명에 대해 아주 흔쾌히 얘기할 준비가 되어 있었습니다.

어떤 독자들은 이 장을 읽고 난 후, 즉시 여러 개의 창들을 통해 필요로 가득한 세상을 보게 될 것입니다. 또 어떤 사람들은 음식, 옷, 안식처, 의학적인 치료, 일, 그리고 그 밖의 것들을 간절히 필요로 하는 많은 사람을 날마다 마주치게 될 것입니다. 반면 어떤 사람들은 이 책의 내용을 그냥 읽고 잊어버린 후 사람들의 필요를 발견하지 못한 채 인생을 허비할 것입니다. 그런데 그들의 이 같은 모습은 마치 체내에서 출혈현상이 일어나고 있는데도 정작 자신은 모르는 것과 같은 것입니다. 당신이 만일 후자에 속해 있다면 '필요를 알아내는 여과기'를 통해 세상을 바라보도록 노력해야 합니다. 그러면 그리스도를 닮아 가는 사역을 할 수 있는 기회가 분명히 보일 것입니다.

제가 말하고자 하는 요지는 "그들의 영적인 필요가 무엇입니까?"라는 여과기를 통해 이웃, 직장, 학교, 교회, 가정을 살펴보라는 것입니다. 그런 다음 "그들의 현실적인 필요가 무엇입니까?"라는 여과기를 통해 다시 살펴보기 바랍니다. 그런 여과기들을 가지고 당신의 마음의 눈을 들여다보면, 어떤 특정한 필요들이 더 선명하게 드러나는 것을 보게 될 것입니다. 이런 식으로 단련된 분별력은 그 자체가 영적 성장의 표시가 됩니다. 어떤 경우는 하나님의 은혜와 그의 영에 의해, 당신이 채워야 할 필요가 있다는 결론에 도달하기도 할 것입니다.

모든 사람의 마음과 가정에는 상처가 있음을 알았기 때문에 한 번 여과기를 거친 눈은 전에는 결코 보지 못했던 절박한 필요들을 보게 됩니다. 과부, 노인, 아이들, 부모 역할을 혼자 감당하는 사람들, 외로운 사람들, 집안에만 갇혀 있어야 하는 사람들, 몸이 불편한 사람들, 병자와 허약한 사람들, 유학생 등 이들의 필요가 눈에 들어오기 시작합니다.

위대한 안과의사인 예수님은 도움이 필요한 사람을 당신에게 보여주실 것입니다. 그래서 당신이 그들에게 예수님의 이름으로 손을 내밀도록 인도하실 것입니다. 또는 복음, 성경적인 상담, 권면, 책망, 경청, 교회 초청, 제자 훈련, 오디오 테이프, CD, 글이나 책, 또는 간단한 안부를 묻는 심방 등이 필요한 사람들을 보다 분명하게 보도록 도와주실지 모릅니다.

3. 복음과 다른 사람들의 유익을 위해 좋은 일을 행하십시오. 하나님께서 당신에게 그렇게 많은 필요들을 보게 하셨는데, 그 필요를 채우는 어떤 일도 하지 않도록 내버려두실까요? 그분은 그 모든 필요를 전부 감당할 것이라고 생각하시지는 않습니다. 예수님조차도 그렇게 하시지는 않았습니다. 그러나 일을 성취하시는

아버지 하나님은 우리가 정말로 하나님으로 인해 기쁨이 차고 넘쳐, 다른 사람들의 필요를 채워 주는 일을 하면서 기쁨과 만족을 찾게 되기를 기대하십니다.

예수님이 요한복음 13장 1~17절에서 제자들의 발을 씻겨 주시면서 하신 말씀을 기억하십시오. "예수는 아버지께서 모든 것을 자기 손에 맡기신 것과 또 자기가 하나님께로부터 오셨다가 하나님께로 돌아가실 것을 아시고 저녁 잡수시던 자리에서 일어나 겉옷을 벗고 수건을 가져다가 허리에 두르시고 …수건으로 닦기를 시작하여"(3-5절). 예수님은 자신이 하늘에서 아버지와 함께 누린 기쁨과 영광을 알고 계셨고, 자신이 아버지께 돌아가 누릴 즐거움과 기쁨을 인식하고 계셨기 때문에, 바로 열두 명의 제자들의 더러운 발을 씻어야 하는 필요를 기꺼이 채워 주려 하셨습니다.

이처럼 특정한 필요에 대해 감정이 이끌릴 때까지 수동적으로 앉아 기다리기만 하지 마십시오. 복음과 예수님의 사랑을 가지고 세상 속으로 뛰어드십시오. 모험심을 가지고 뛰어드십시오. 그러면 그분이 당신을 다른 이들의 필요 가운데로 인도할 것입니다. 그 필요는 그분이 그토록 당신에게 채워 주시고 싶어 했던 바로 그것입니다. 다른 사람들의 필요를 채워 주는 그분의 도구가 될 때, 당신도 그분이 당신의 많은 필요들을 채워 주고 계심을 발견하게 될 것입니다.

영적 처방을 위한 다섯 번째 질문

다른 사람의 영적, 물질적 필요에 더 관심을 갖고 있습니까?

1. 모든 사람의 마음과 가정 속에는 상처가 있습니다. 하나님의 마음으로 다른 사람의 필요에 반응한 경험이 있습니까?

2. 예수님은 현실적인 필요뿐만 아니라 영적인 필요까지 모두 충족시켜 주시는 '균형 잡힌 모습'을 보여 주셨습니다. 혹시 당신은 한쪽으로 치우쳐 있지 않습니까?

3. 사람들의 굶주림을 보거나 들어본 적이 있습니까? 공허한 눈빛과 다른 필요에 대해 절규하는 소리를 외면하고 있지는 않습니까?

여섯 번째 영적 건강 처방전

예수 그리스도의 신부인
교회를 즐거워하고 있습니까?

주님을 가까이하면 할수록 다른 성도들과도 가까워질 것입니다.

피터 제프리

잠언의 저자 중 한 사람이었던 아굴은 이런 고백을 했습니다.

내가 심히 기이히 여기고도 깨닫지 못하는 것 서넛이 있나니 곧 공중에 날아다니는 독수리의 자취와 반석 위로 기어 다니는 뱀의 자취와 바다로 지나다니는 배의 자취와 남자가 여자와 함께 한 자취며 (잠 30:18-19)

저는 독수리와 뱀과 배에 대해서는 별로 아는 것이 없습니다. 하지만 한 남자와 그가 사랑하는 한 여자가 함께하는 행로가 얼마나 경이로움으로 가득 차 있는가에 대해서는 경험을 통해 잘 알고 있습니다.

구약성경에 나오는 족장인 야곱은 라반의 딸, 라헬을 얻기 위해 그가 결혼 조건으로 내세운 7년을 열심히 일했습니다. 이것에 대해 성경은 "야곱이 라헬을 위하여 칠 년 동안 라반을 섬겼으나 그를 사랑하는 까닭에 칠 년을 며칠 같이 여겼더라"(창 29:20)라고 기록하고 있습니다.

한 남자가 한 여자를 좋아할 때는 아무리 오래 기다린다 해도, 혹은 아무리 멀리 있다 해도 별로 큰 문제가 되지 않습니다. 저는 아내와 약혼한 상태에서 텍사스에 있는 신학교를 다니고 있었습니다. 아내는 서북쪽에 있는 알칸사스에 살았습니다. 우리는 알칸사스에 있는 법학대학원을 다니던 시절에 만났습니다. 저는 아내를 무척이나 좋아했기 때문에 포트워스에서 페이트빌까지 차로 여섯 시간이나 되는 거리를 시간만 나면 기꺼이 달려가곤 했습니다.

이것과는 비교가 되지 않을 정도의 어마어마한 여행, 즉 예수님은 천국으로부터 이 세상으로 내려오시는 여행을 감행하셨고 그분의 눈동자 같은 교회를 위해 기쁨으로 30년 이상을 수고하셨습니다. 바울은 이에 대해 이렇게 기록하고 있습니다.

> 남편들아 아내 사랑하기를 그리스도께서 교회를 사랑하시고 그 교회를 위하여 자신을 주심 같이 하라 이는 곧 물로 씻어 말씀으로 깨끗하게 하사 거룩하게 하시고 자기 앞에 영광스러운 교회로 세우사 티나 주름 잡힌 것이나 이런 것들이 없이 거룩하고 흠이 없게 하려 하심이라 (엡 5:25-27).

하나님이 바로 예수 그리스도 자신의 영을 예수님의 몸 안에 거하도록 부여했을 뿐만 아니라 다른 사람의 몸에도 거하도록 했다고 상상해 보십시오(신약성경에 따르면 이것은 그리스도께 속한 모든 자들에게 일어나는 일입니다. 롬 8:9를 보십시오). 그렇다면 분명히 그리스도처럼 예수의 영을 받았던 남자나 여자는 예수님이 사랑하사 목숨을 바친, 곧 그의 신부인 교회를 사랑할 것입니다. 그러므로 우리가 그리스도에게 속해 있는가를 알아보는 최고의 방법은 우리가 그분의 기쁨, 곧 교회를 구성하는 백성들을 기뻐하는가 하는 것에 달려 있습니다. 또한 사도 요한이 말한 것처럼, 우리가 형제를 사랑함으로 사망에서 옮겨 생명으로 들어간 것을 확인할 수 있습니다(요일 3:14).

구약성경에 나오는 다윗 왕의 말은 하나님의 백성이 서로에게 갖는 이런 사랑을 아름답게 그린 것입니다.

> 땅에 있는 성도들은 존귀한 자들이니 나의 모든 즐거움이 그들에게 있도다 (시 16:3).

이 구절의 전반부에 나오는 '성도'라는 단어를 주목하십시오. 성경에서 '성도'라는 단어는 하나님의 백성을 지칭하는 용어 가운데 하나입니다. 바울은 그가 쓴 거의 모든 신약성경의 서신에서 그리스도인을 성도로 지칭합니다. 이 단어를 50번 이상 사용하고 있습니다. 1세기의 성도들은 평범한 그리스도인이기는 했어도 명목상의 그리스도인은 아니었습니다. 그들은 예수님을 신실하게 따르는 사람들이었으며, 성령의 열매를 나타내 보였습니다(갈 5:22-23). 하지만 이들은 절대 완전한 사람들이 아니었기 때문에 그가 성도라고 부른 사람들 중 어떤 이들은 교회에서 큰 물의를 일으키는 죄 문제로 씨름하기도 했습니다. 바로 고린도교회의 성도들이 여기에 해당됩니다(고전 1:2). 그러나 그때나 지금이나 변함이 없는 것은 하나님의 영이 내주하는 사람은 성도라는 사실입니다.

헬라어의 문자적인 의미로 성도는 '거룩한 자'입니다. 성도란 지금 천국에 있는 특별히 경건한 성도들이 아니라, 오히려 일상생활 속에서 하나님의 말씀을 믿고 그대로 사는 사람들을 말합니다. 이런 종류의 사람들이 바로 다윗이 "땅에 있는 성도"라고 말했던 사람들입니다. 그러나 다윗의 기쁨은 바로 그런 사람들 안에 있었습니다. 그래서 그는 그들을 찾았고 그들과의 교제를 즐겼습니다. 그들도 하나님을 사랑했기 때문입니다.

다윗은 심지어 동료 성도들에 대해 너무 열광하게 되면서 그들을 '존귀한 자'라고 불렀습니다. 다른 번역본에서는 이 히브리 단어를 '뛰어난 자' 또는 '영광스러운 자'라고 번역하고 있습니다. 당신은 동료 성도들을 그런 숭고한 이름으로 칭해본 적이 있습니까? 당신은 교회에서 십대 아이들을 가르치는 컴퓨터 프로그래머나 또는 아이들을 돌보는 가정주부를 생각할 때, "존귀한 자"라고 말하십니까? 하나님 자신이 이스라엘의 왕을 감동시키셔서 하나님의 백성을 그렇게 묘사하도록 만들었다는 점을 생각하기 바랍니다.

하늘에 계시는 존귀한 분의 자녀들로서 그들은 이 세상에서도 하나님의 능력으로 변화된 '존귀한 자들'입니다. 그러므로 다윗이 그들로 인해 즐거워했던 것은 그들 자신의 존귀함과 뛰어남, 혹은 영광 때문은 아니었습니다. 그것은 그들이 그와 더불어 하나님의 존귀함과 뛰어남, 그리고 영광을 그 무엇보다도 사랑했기 때문이었습니다. 그들은 진정으로 존귀한 분을 사랑했습니다. 이로 인해 오직 그들만이 다윗의 눈에 존귀한 자로 보였던 것입니다.

그리스도의 백성으로 인해 즐거워하는 것은 정상적이고 건강한 그리스도인의 모습입니다. 그러므로 당신의 영적인 건강 진단에 도움이 될 만한 질문을 한 가지 하려 합니다.

"당신은 예수 그리스도의 신부라는 사실을 즐거워합니까? 당신은 그분에게 기쁨을 가져다주는 사람들로 인해 즐거워합니까?"

어떤 의미에서 제가 묻는 이 질문은 어떤 개개인의 그리스도인으로 인해 기뻐하고 있는가 하는 물음이 아닙니다. 그것은 당신이 교회 전체로 인해 기뻐하고 있는가 하는 질문입니다. 결국 그리스도의 신부는 교회이지 개개인의 그리스도인은 아닙니다. "어린양의 혼인 잔치"(계 19:9)는 모든 그리스도인들이 전체적으로 모이는 행사이지, 각각의 성도들이 개별적으로 모이는 행사가 아니기 때문입니다. 그리스도인이 혼자서 "나는 예수님의 신부입니다"라고 말하는 것보다 회중이 모여 "우리는 예수님의 신부입니다"라고 고백하는 것이 성경의 진리를 훨씬 더 잘 표현하는 것입니다. 그러므로 당신은 교회, 곧 성도들의 모임을 즐거워하는지, 그들의 공동의 경험과 수고를 즐거워하는지 자문해 보아야 합니다.

그렇지만 예수님의 기쁨은 한 신부로 인한 것이므로 신부는 당신이 살고 있는 지역의 사람들을 포함해서 얼굴과 이름이 각기 다른 수백만의 그리스도인들로 구성된 한 신부입니다. 당신이 하나님의 교회를 사랑한다고 하면서 그 안에 있는 백성들을 싫어한다는 것은 말도 안 되는 일입니다. 그런데 교회와 교인들을 대하는 어떤 사람들의 태도는 내가 언젠가 만화에서 본 적이 있는 캐릭터와 매우 흡사합니다. 그 만화 캐릭터는 능청스럽게 웃으면서 이렇게 말을 합니다. "나는 인류를 사랑하지. 하지만 인간들은 정말 참을 수 없다니까."[1]

간단히 정리하면, "땅에 있는 성도"로 인해 즐거워하는 것은 회중의 형태로든, 개인들로 이루어진 형태로든 하나님의 백성들이 존재하는 것과 그들의 사역으로 인해 넘쳐나는 기쁨을 느끼는 것을 의미합니다. 이것이 당신의 모습입니까?

당신은 교회로 인해 기꺼이 기뻐합니까?

"땅에 있는 성도"로 인해 즐거워하는 다윗과 같은 기쁨은 하늘로부터 하나님이 영혼에 부어 주시는 기쁨이지, 우리가 굳은 결심을 한다고 해서 얻어지는 것은 아닙니다. 그것은 어금니를 꽉 깨물면서 '내가 이 사람들을 즐거워하리라.'고 결심해서 되는 것이 아닙니다. 오히려 그것은 "사람이 내게 말하기를 여호와의 집에 올라가자 할 때에 내가 기뻐하였도다"(시 122:1)라는 말씀처럼 자원하는 심령을 더 요구합니다.

하나님은 그리스도인을 만드실 때 그의 심령을 매우 극적으로 변화시키시기 때문에 예수님을 따르는 사람들로 인해 즐거워하는 것은 마치 해가 지는 것을 즐기거나 맛있는 음식을 즐기는 것처럼 쉽고 자연스러운 일이 됩니다.

어떤 사람이 오로지 '해야만 한다'는 의무감 때문에 교회생활에 참석하고 있다면 그것은 뭔가 잘못된 것입니다. 예수님을 닮은 사람들은 부모의 훈련, 가족의 기대, 장기간의 습관, 양심의 무거운 짐, 의무감 같은 것에 강제로 이끌려서 주일에 교회에 나오는 것이 아닙니다. 물론 올바른 동기를 가지고 모인 예배자들도 다른 동기들에 전혀 영향을 받지 않는다는 말은 아닙니다. 다양한 동기들이 건강한 영향을 줄 수 있기 때문입니다. 그러나 성장하는 그리스도인은 대부분 의무감이 아닌 '마음의 원함'으로 동기부여가 일어납니다.

따라서 진정한 기쁨이란 항상 자발적인 기쁨이며, 억지로 되는 것은 아닙니다. 부모가 다 큰 아들에게 그가 아무런 매력도 느끼지 못하는 여자를 억지로 좋아하라고 할 수 없는 것처럼, 하나님의 백성으로 즐거워하는 것도 영혼에 강제로 주입시킬 수 있는 문제는 아닙니다. 성도의 교제보다 축구나 취미생활, 또는 다른 어떤 것을 더 좋아하는 것에 대해 비난한다고 해서 그것 때문에 교회를 좋아할 사람은 아무도 없습니다.

교회는 단순히 결심한다고 해서 좋아지는 그런 류의 것이 아닙니다. 사탕이 아이들을 즐겁게 하는 것처럼 하나님의 자녀를 사탕발림을 통해 하나님의 초자연적이며 영적인 감미로움을 좋아하게 만들 필요는 없습니다. 교회를 즐거워하는 것은 거듭난 사람들 안에 자연스럽게 생겨나는 것입니다.

교회 공동체의 교제를 즐거워하는가?

어떤 사람들은 단순히 같이 있는 것만으로도 즐겁습니다. 엄마의 어깨너머로 웃고 있는 아이를 보며 즐거워하는 것은 얼마나 쉬운 일입니까? 그리스도인에게는 "땅에 있는 성도"의 존재가 그들이 성도라는 것 하나만으로 즐거움을 일으킵니다. 왜냐하면 이 사람들을 이 땅에서 성도가 되게 만드는 것은 그들 안에 거하시면서 그들을 통해 일하시는 하늘에 계신 하나님, 세상의 기쁨이 되시는 하나님이기 때문입니다.

진실한 그리스도인들이 지역교회에 함께 모일 때는 모든 곳에 거하시는 하나님이 그들 가운데 특별한 방식으로 임하십니다. 개개의 그리스도인을 "성령의 전"이라고 부르는 것도 사실이지만(고전 6:19), 성도들 전체를 그렇게 부르는 경우가 훨씬 더 많습니다. 하나님의 영감으로 기록한 사도 바울의 말 속에는 "너희"라는 단어가 복수로 사용되고 있는데 그것은 그 편지를 받는 성도들의 교회 전체를 대상으로 했습니다.

- 너희가 하나님의 성전인 것과 하나님의 성령이 너희 안에 계시는 것을 알지 못하느냐 (고전 3:16).
- 우리는 살아 계신 하나님의 성전이라 (고후 6:16).
- 너희도 성령 안에서 하나님이 거하실 처소가 되기 위하여 그리스도 예수 안에서 함께 지어져 가느니라 (엡 2:22).

그러므로 성장하는 그리스도인들이 하나님의 성도와 함께 있는 것을 좋아하는 이유는 우리가 아는 평범한 사람들 가운데 거하시는 하나님 자신의 임재 때문입니다. 궁극적으로 하나님은 그들 안에 있는 우리를 기뻐하십니다.

이런 이유로 하나님과 교회를 미워하던 자들이 일단 예수 그리스도를 통해 하나님을 알게 되면, 하나님의 백성을 포함해서 하나님의 것에 대해 새로운 애정을 보이기 시작합니다. 하나님을 사랑하는 자로서 그들은 하나님의 살아 계신 성전을 사랑하는 자가 됩니다.

그렇다고 해서 성장하는 그리스도인들이 동료 성도들과의 모든 만남에서 영적으로 충만한 기쁨을 경험한다거나 또는 그들이 교회를 즐거워하는 것이 완전하고 순전한 즐거움이라는 의미는 아닙니다. 하나님은 여전히 죄를 짓는 사람들 가운데 거하십니다. 때때로 우리는 하나님의 임재로 인한 달콤한 향기보다는 오히려 죄의 악취를 풍기면서 모임을 떠나기도 합니다. 이따금씩 우리의 죽을 몸은 기쁨이 충만한 상태가 아니라, 아프고 지친 상태로 예배드리는 회중 가운데 앉아 있을 수도 있습니다.

간혹 성도의 교제가 우리를 따분하게 만들 수도 있습니다. 그렇지만 전반적으로 볼 때 하나님의 백성은 하나님의 백성들과 같이 있을 때 마음이 밝아지고 심령이 따뜻해지는 것을 느낍니다. 이런 것은 하늘로부터 내리는 불을 받지 않은 사람들과 함께 있을 때는 결코 느낄 수 없는 것입니다.

이것은 최근에 있었던 일입니다. 주일예배를 마친 후 열대여섯 명 정도 되는 성도들과 함께 모여 식사를 하고, 오후 내내 서로 둘러앉아 교제를 나눈 적이 있었습니다. 떠날 시간이 되었을 때 그들은 "저녁까지 먹고 가자"고 해서 정말 그렇게 했습니다. 예배시간에 맞춰 아침 10시 조금 전에 교회에 와서는 저녁 7시가 될 때까지 헤어지지 않은 것입니다. 왜 그랬을까요? 성장하는 그리스도인들이 그런 것처럼 그들은 서로가 함께 어울리는 것을 즐거워했기 때문입니다.

교회 활동을 즐거워합니까?

사역을 처음 시작했을 때부터 몇 십 년이 지나 사역을 마칠 때까지 사도 바울은 일하는 동안 줄곧 반대와 핍박에 직면했습니다. 그렇게 많은 투옥과 구타, 그리고 돌에 맞는 것을 어떻게 그렇게 오랜 세월 동안 기꺼이 견딜 수 있었을까요(고후 11:23-28)? 그가 마지막으로 쓴 서신에서 바울은 인생의 마지막을 앞에 두고 그 질문에 대한 답을 주고 있습니다. "내가 택함 받은 자들을 위하여 모든 것을 참"았습니다(딤후 2:10). 그의 스승인 예수님처럼 바울은 하나님의 택한 자, 곧 교회를 위하여 수고하는 가운데 비할 수 없는 기쁨을 얻었습니다.

하나님께서 이 세상을 그대로 유지시키시는 것은 우리가 더 많은 사업을 벌이고, 더 많은 돈을 벌고, 더 많은 것을 구입하도록 하기 위해서가 아닙니다. 그 이유는 오히려 교회의 사역, 곧 그의 아들의 왕국을 건설하는 일이 아직 마무리되지 않았기 때문입니다. 하나님의 목적이 그것이므로 우리의 목적도 그것이 되어야만 합니다. 그리고 만일 우리가 본래의 모습 그대로를 보게 된다면 우리도(마치 하나님이 그러시는 것처럼) 그것으로 인해 즐거워할 것입니다.

〈스타 트랙—다음 세대〉라는 드라마에서 대장인 피카드가 임종을 맞으면서 만일 자신이 젊었을 때 그런 담대한 선택을 내리지 못하고 한 발 양보했었다면 어떤 모습이 되었을까 회상하는 장면이 나옵니다. 그는 자신이 '지겨운 일을 하는 따분한 사람'이 되어 있을 수도 있었겠단 생각을 하게 됩니다. 하지만 더 크게 하늘 위 우주선에서 내려다보면, 코앞의 현실만을 보면서 사는 사람은 누구나 지겨운 일을 하는 따분한 사람이 되고 맙니다. 왜냐하면 그는 없어질 것을 위해 살며 일하기 때문입니다.

자신이 재미있는 삶을 살고 있으며 좋은 직장을 다니고 있다고 생각하는 상대적으로 적은 소수의 사람들조차도 영원이라는 관점에서 보면, 단지 현실적이며 세상적인 일들 속에서 자신을 만족시키기 위해 애쓰고 있는 것처럼 보입니다.

하나님의 교회가 하는 사역은 세상에서 가장 위대하며 영혼을 가장 만족케 하는 사업입니다. 어떤 것도 이것과는 비교할 수 없습니다. 직장, 가정, 성공, 건강, 정치, 은퇴, 그 어떤 것도 비교가 되지 않습니다. 게다가 그것은 우리가 영원히 할 수 있는 유효하며 유일한 일입니다. 교회의 사역에 헌신하지 않는 사람들은 지극히 근시안적이며 자기 파멸적입니다. 뿐만 아니라, 그들은 어마어마한 특권을 내버리는 것입니다. 하나님 왕국의 사역이 아닌 다른 것으로 즐거워하는 것은 마치 자신의 결혼 첫날밤에 다른 사람의 결혼식 비디오나 보고 있는 사람과 같습니다.

교회 공동체를 즐거워하는 두 가지 방법

기쁨이란 일시적인 기분과는 차원이 다릅니다. 진정한 기쁨이란 반드시 표현되어야 합니다. 아무런 감정도 없고 그것에 대한 표현도 없이 그냥 "땅에 있는 성도는 존귀한 자니 나의 모든 즐거움이 저희에게 있도다"라고 말하는 것은 위선입니다. 하나님의 성도들에게 기쁨을 표현할 수 있는 많은 제안들 가운데 두 가지만 살펴보도록 합시다. 첫 번째 제안은 교회와 교회 사역에 대한 기쁨의 온도계를 높이는 것에 관계된 것이고, 두 번째 제안은 외적인 변화와 관계된 것입니다.

1. 예수님의 신부가 하는 일을 예수님이 보신다고 생각해 보십시오. 교회와 교회의 사역에서 세상이 볼 수 없는 아름다움을 보

고 있습니까? 예수님이 교회와 교회의 사역을 사랑하시는 것을 전보다 더 분명하게 볼 수 있습니까? 그가 사랑하는 것은 예수님 자신의 모습이 교회와 교회의 사역 가운데 점점 더 명료하게 나타나는 것입니다.

이 세상에 존재하는 것이나 상상 속에 있는 그 어떤 것도 삼위일체 되신 하나님의 아름다움과 비교할 수 없습니다. 예수님은 그의 신부인 우리에게 그의 거룩함이라는 아름다움을 주셨는데, 이 세상에 이보다 더 큰 선물은 없습니다. 그는 이런 아름다움이 그의 백성의 마음과 삶 속에서 자라나는 모습을 보고 싶어 하십니다.

당신은 교회 안에서 예수님이 어떤 것을 즐거워하신다고 생각합니까? 이론적인 얘기는 이제 이 정도로만 하겠습니다. 당신이 다니는 교회에서 예수님의 거룩함을 드러내는 아름다움 세 가지를 든다면 어떤 것이 있는지 생각해 보기 바랍니다.

저는 이번 주말에 주님이 허락하시면 테네시에서 1백 명이 넘는 사람들에게 시편을 가지고 기도하는 법을 가르칠 예정입니다. 저는 그것이 그들의 기도생활을 극적으로 변화시킬 수 있다고 믿습니다. 이것은 삶의 모든 것을 변화시킬 수 있다는 것을 의미하며, 그들이 예수님을 좀 더 닮게 되는 것을 의미합니다. 그 지역에 사는 절대 다수의 사람들은 축구 경기에 열광하고 있을 것입니다. 그렇지만 48시간만 지나도 그 경기는 거의 잊혀질 것이고, 그들

중 대부분의 사람들에게는 사실상 무의미한 것이 될 것입니다.

저는 매번 축구 경기가 시작하기 전에 하는 대대적인 행사를 보며 이런 생각을 합니다. 그 순간에는 그것이 우리 문화를 지배하는 사건이지만, 그것이 미치는 영향은 아주 짧습니다. 바로 얼마 전에 뛰었던 선수가 누구더라? 축구 경기가 시작되기 전 2주 동안 그것은 이 세상에서 가장 중요하고 영광스러운 것처럼 보입니다. 그렇지만 지금은 그것을 그렇게 고대했던 사람들에게조차 잊혀지거나 하찮은 것이 됩니다. 이런 것과는 대조적으로 하나님 나라를 위해 한 일은 당시에는 무미건조하고 대수롭지 않은 것처럼 보이지만, 그것은 세상이 아직은 볼 수 없는 아름다움과 영광을 가지고 있습니다. 그리고 그것의 영향력은 영원무궁합니다.

이런 영적인 세계를 알기 위해서는 믿음의 눈이 필요합니다. 그리고 믿음의 눈은 그 날카로움을 더욱 다듬을 수 있습니다. 사람의 시력은 육체가 나이가 들면서 점차 약해지는 반면, 영적인 영역에서는 믿음이 성숙해질수록 시력이 더욱더 밝아지고 선명해집니다. 이것은 바울이 고린도후서 4장 16절에서 기록한 내용과 비슷합니다. "겉사람은 낡아지나 우리의 속사람은 날로 새로워지도다." 영적인 시력이 갈수록 선명해지는 사람들은 점점 더 교회의 사역이 가지는 광채와 가치를 썩어 없어질 세상 것과 비교하게 됩니다. 그리고 세상에서 아주 능력 있어 보이고 감명을 주는 것도 성숙한 그리스도인에게는 힘없고 볼품없는 것처럼 보이기 시작합니다.

우리의 눈이 신부인 교회와 교회의 사역을 예수님이 보시는 것처럼 인식하면 할수록 우리는 더욱더 예수님이 교회를 사랑하시는 것처럼 교회를 사랑하게 될 것입니다.

2. 예수님의 신부라는 사실을 기뻐하는 모습을 남들이 확실히 알 수 있도록 보이십시오. 교회의 사역은 바로 세상에서 예수님이 하시는 사역입니다. 예수님의 사역에 참여하는 것에 대해 우선순위를 두지 않으면서 자신이 예수님을 더 닮아 가고 있다고 생각하는 사람이 과연 있을까요?

당신이 출석하고 있는 교회는 어떤 도움을 필요로 합니까? 자신이 늘 그런 필요에 주의를 기울이고 있습니까? 아니면 교회에서 필요로 하는 것을 알고 있으면서도 당신이 할 만한 것을 찾지 못하겠습니까? 그렇다면 주도적으로 새로운 사역을 시작해 보십시오. 감추어져 있고 잘 알려지지 않는 곳에서 봉사하는 기쁨을 찾기 바랍니다. 이 세상의 사역 속에 숨겨져 있는 비밀스런 영광을 찾아내십시오.

마음과 시간, 돈, 열정을 예수님이 자신의 생명을 바쳤던 그의 신부에게 쏟아 부으십시오. 이런 일을 얼마나 오래 해야만 할까요? 당신이 하나님의 영을 가진 사람들에 대해서 "저들은 존귀한 자니 나의 모든 즐거움이 저희에게 있도다"라고 말할 수 있을 때까지 해야 합니다. 예수님이 그의 신부를 사랑하시는 동안 당신도 그렇게 해야 합니다.

이렇게 할 때 당신은 영원한 것을 건축하는 일에 보탬이 되는 존재가 될 것입니다. "하나님께서 행하시는 모든 것은 영원히 있을 것이라."(전 3:14)는 말씀처럼 하나님은 사람이 하는 일과는 정반대로 일을 행하십니다. 교회의 사역이 세상의 눈으로 볼 때는 아무리 하찮아 보이고 이 세상의 일과는 아무 상관도 없는 것처럼 보이더라도, 그것은 하나님이 주시는 영광으로 영원히 빛을 발할 것입니다.

세상에 종말이 온 후 천국에 있을 역사책을 상상해 보십시오. 그 책에 주식시장, 회사합병, 대통령 선거, 운동경기의 결승전 같은 것이 얼마나 쓰여 있겠습니까? 그런 것 대신 그 책은 교회 안에서 이루어진 활동들, 즉 세상이 무시했던 사람들이 행한, 당시에는 전혀 주목받지 못했던 행위들을 지배적으로 다루고 있지 않겠습니까? 많은 권세자들과 귀인들의 이름은 단지 각주에나 나오고, 주님을 사랑하고 성도들을 섬겼던 사람들의 이름이 그 책의 지면을 가득 채울 것입니다. 그리고 그 책 여백에 금으로 다음과 같이 쓰여 있을 것입니다. "하나님은 불의하지 아니하사 너희 행위와 그의 이름을 위하여 나타낸 사랑으로 이미 성도를 섬긴 것과 이제도 섬기고 있는 것을 잊어버리지 아니하시느니라"(히 6:10).

시편 149편 4절은 우리에게 이렇게 말씀하십니다. "여호와께서는 자기 백성을 기뻐하시며." 당신도 그러합니까?

영적 처방을 위한 여섯 번째 질문

예수 그리스도의 신부인 교회를 즐거워하고 있습니까?

1. 교회는 단순히 결심한다고 해서 좋아지는 그런 류의 것이 아닙니다. 교회를 즐거워하는 것은 거듭난 사람들 안에 자연스럽게 생겨나는 것입니다. 당신은 교회 공동체로 인해 기뻐합니까?

2. 오전 예배부터 시작해서 저녁 늦게 까지 교회 지체들과 함께 어울렸던 시간이 있었을 것입니다. 지금 당신은 교회 지체들과 함께 어울리는 시간을 즐거워하고 있습니까? 스스로 평가해 보십시오.

3. 당신의 교회는 당신에게 어떤 도움을 필요로 합니까? 교회의 필요에 당신은 귀 기울이고 있습니까?

일곱 번째 영적 건강 처방전

지금 어떤 영적 훈련을 하고 있습니까?

훈련이 없는 그리스도인은 침체에 빠질 것입니다.

피터 제프리

작년에 우리 집은 장작을 태우는 난로를 설치했습니다. 지금 쓰고 있는 이 글의 대부분은 이 난로 옆에 있는 책상에 앉아, 노란색 노트에 만년필로 집필했습니다.

만일 당신이 장작을 사용하는 난로를 이용해 본다면 '불을 지핀다'는 말이 무엇을 뜻하는지 알게 될 것입니다. 처음에는 신문 몇 장을 다발로 만들어 이것을 난로 아래 부분에 꽉꽉 눌러서 집어넣습니다. 이렇게 한 다음 위쪽에 불을 점화합니다. 이것은 신속하게 불이 붙게 하기 위해 필요한 순서입니다. 그 위에 작은 나무 조각들을 수북이 올려놓습니다. 이것은 마치 내과의사가 혀를 누를 때 사용하는 압설자와 페인트를 저어 주는 막대기의 중간 정도 크기로, 마르고 얇은 나무 조각들입니다.

난로의 공기 조절판이 열려 있는지, 그리고 전면에 있는 통풍구가 공기가 흐르도록 조정되어 있는지 확인한 다음, 기다란 나무 성냥에 불을 붙입니다. 난로에 가까이 다가가서 종이가 빠르게 빛을 발하며 타고 있는 몇 군데를 계속해서 건드립니다. 잠깐 동안

환기를 원활하게 하기 위해 문을 거의 밀폐시킵니다. 불꽃이 뭉쳐 있는 종이 뭉치로 번진 다음 나무 조각에 불이 옮겨 붙을 때까지 계속 타게 내버려둡니다.

이 나무 조각들은 종이가 완전히 재로 변할 때까지 아주 잘 탑니다. 이쯤 되었을 때 저는 화로 장갑을 낀 채 굵기는 대략 망치 손잡이 정도 되고, 길이는 그보다 조금 더 긴 몇 개의 불쏘시개 나무 조각들을 올려놓을 준비를 합니다. 이런 나뭇조각들이 타들어 가는 소리를 내면서 조그만 나무 숯덩이들 위에서 타고 있을 때, 난로는 이제 저를 저녁 내내 따뜻하게 해줄 큼지막한 나무덩이들을 받을 만반의 준비를 합니다. 처음 붙인 불과 종이는 밝고 인상적이었지만, 제가 불을 만든 목적은 불타는 통나무와 서서히 달아오르는 숯을 통해 밤새도록 따뜻한 열기를 즐기기 위함이었습니다.

아마 당신은 제가 아는 어떤 여자와 같을지도 모르겠습니다. 그녀는 가끔씩 자신이 영적으로 성장하고 있는지에 관해 의구심을 가졌습니다. 왜냐하면 한때 그녀의 삶에서 아주 갑작스럽게 다가와 어둠을 밝혀 주었던 영생의 불이 그 이후로는 뜨겁게 타오르지 않았기 때문이었습니다. 하지만 장작불이 타는 난로의 예는 우리 그리스도인의 마음에도 동일하게 적용됩니다. 점화의 초기 단계는 짧은 순간이지만 언제나 굉장해 보입니다. 그러나 현재의 불이 그렇게 뜨겁지 않다고 해서 꺼져 있는 상태인 것은 결코 아닙니다. 영적인 불꽃도 처음 점화되었을 때의 모습이 지금보다 훨씬 더 이글거리는 모양을 하고 있었을지 모릅니다. 그러나 마음의 화로가 가장 커다란 효과를 발휘하는 것은 꾸준하게 계속 불타고 있는 동안입니다.

그리스도인이 영적인 열정과 빛을 발하는 데 있어서 영적인 훈련을 꾸준히 하는 것보다 더 유익한 것은 없습니다. 어쩌면 훈련은 풀무와 철 부지깽이 같은 것일지도 모릅니다. 하나님은 이 도구들을 손에 들고 그분 자신이 그의 백성들 가운데 점화시켜 놓으신 영생의 불을 계속해서 지피시며 타오르게 하십니다.

영적 훈련이란 무엇입니까?

영적인 훈련이란 우리가 하나님 앞에 나아가 그분을 체험하고, 그리스도의 형상으로 변화되도록 정하신 하나님의 수단입니다. 주님은 어느 곳에나 존재하시기에 우리는 종종 그분을 예기치 않은 장소에서 놀라운 방식으로 만나게 됩니다. 그럼에도 불구하고 영적인 훈련과 같은 구체적인 방법을 통해 그분을 규칙적으로 만나 변화되는 것을 하나님은 기뻐하십니다. 주님을 깨끗한 생수를 공급하는 강에 비교한다면, 영적인 훈련은 우리를 이런 강으로 인도하는 길과 같습니다. 우리는 이런 길을 통해 강으로 가서 물을 마시기도 하고, 그 안에 뛰어들어 수영을 하기도 하며 그 물로 땅을 비옥하게 하기도 합니다.

　그동안 이런 경건훈련과 성화훈련은 여러 가지 방식으로 진행되어 왔습니다. 어떤 방식은 그것을 개인적인 훈련과 단체(또는 회중) 훈련으로 구분하는데, 즉 어떤 훈련은 혼자 하는 것이고, 다른 훈련은 공동체 안에서 하는 것입니다. 전자의 예로는 개인적인 성경 읽기와 묵상, 개인기도, 금식, 영적인 일기 작성 등이 있습니다. 반면에 다른 사람들과 함께 하는 훈련에는 회중 예배, 합심 기도, 성찬, 친교 등이 포함됩니다. 성경에서 가르치고 있는 많은 훈련은 혼자서 할 수도 있고 교회에서 함께 할 수도 있습니다. 예를 들면 우리는 혼자서도 성경을 공부할 수 있고 그룹으로도 할 수 있습니다. 주를 위해 봉사하는 것도 개인적으로 할 수도 있고 단체로도 할 수 있습니다. 복음 전파와 성경공부도 마찬가지입니다.

　영적인 훈련은 성경적이며(하나님이 주신 것), 그분의 기록된 말씀 안에서 찾을 수 있는 것이어야 함을 명심해야 합니다. 이 범주에 속하지 않는 다른 훈련들은 결코 영적인 훈련이라고 할 수 없습니다. 예를 들면 우리 자신으로부터 시작되거나 문화로부터 추론된 훈련, 또는 다른 종교들 속에서 발견되는 훈련은 당연히 기독교적인 영적 훈련일 수 없습니다.

　영적인 훈련은 성경에서 충분히 발견할 수 있습니다. 하나님은 성경을 통해 우리에게 필요한 모든 경건한 훈련과 삶을 변화시키는 훈련을 제시하셨습니다. 그리스도를 닮아 가기 위해서 그 밖의 다른 예식, 의례, 의식, 종교적인 습관 등은 더 이상 필요하지 않습니다.

더구나 하나님의 영은 이런 각각의 훈련을 통해서 독특하게 일하십니다. 그분은 한 가지 훈련을 통해서 주신 것을 다른 훈련에서도 똑같이 주시는 분은 아닙니다. 이처럼 당신은 금식을 통해서 얻는 축복과 동일한 복을 다른 일반적인 기도를 통해서는 얻을 수 없습니다. 그 반대의 경우도 마찬가지입니다. 모든 영적 훈련은 매우 중요하며 각각 유익합니다. 어떤 훈련이라도 무시하면 그만큼의 축복을 받지 못하게 됩니다.

다음으로 영적인 훈련이란, 태도가 아니라 연습임을 인식해야 합니다. 그것을 성품, 그리스도인의 장점 혹은 '성령의 열매'(갈 5:22-23)와 혼동하지 말아야 합니다. 기도는 영적인 훈련이지만, 사랑은 엄밀히 말해 훈련은 아닙니다. 시간과 돈을 충성되게 관리하는 것은 훈련이지만, 기쁨은 훈련이 아닙니다. 우리는 영적인 훈련으로 알려져 있는 외적인 연습과 그런 훈련의 추진력이 되며 힘이 되는 내적인 실체를 반드시 알아야 합니다.

왜 영적 훈련을 해야 합니까?

자기 자신을 그리스도인이라고 생각하는 모든 사람은 히브리서 12장 14절의 말씀으로 권면을 받습니다. "거룩함을 따르라 이 것이 없이는 아무도 주를 보지 못하리라." 물론 거룩함을 따르는 것이 우리에게 주님을 볼 수 있는 자격을 허락하는 것은 아닙니다. 예수 그리스도의 삶과 죽음에 대한 믿음을 통해서 은혜로 우리에게 이런 자격을 주시는 분은 주님 자신입니다. 오히려 거룩함을 계속해서 따르는 모습(다른 말로 성화, 경건, 그리스도를 닮는 것)은 "주님을 보기 위해" 천국에 가고 있는 모든 사람들에게서 발견되는 공통된 특징입니다.

성령을 받은 사람들은 모두 예외 없이 거룩함을 따릅니다. 우리 안에 있는 그분의 거룩한 임재와 거룩한 사역으로 우리는 거룩함을 사랑하고, 그것을 갈망하며, 때때로 그것이 부족함으로 인해 애통해 합니다. 성경은 거룩함을 따르는 것에 대해 기준이 될 만한 최소한의 속도를 정하지 않았습니다. 하지만 신앙고백이나 교회 경험, 선한 생활, 또는 성경 지식과 상관없이 거룩함이 없이는 "아무도 주를 보지 못합니다." 거룩함(그리스도를 닮는 것, 경건함)을 따르지 않고서는 아무도 천국에 갈 수 없다면, 이제 '그것을 어떻게 따라야 하는가?' 하는 문제가 남게 됩니다.

디모데전서 4장 7절은 "경건에 이르도록 네 자신을 연단하라"고 답하고 있습니다. 자신을 훈련시키는 방법은 성경에서 말씀하고 있고 본을 삼을 수 있는 훈련에 참여하는 것입니다. 간단히 말해서, 그리스도인의 영적 훈련은 경건과 거룩함을 위한 수단이며,

그것이 없이는 아무도 주를 보지 못할 것입니다.

이런 이유 때문에 이번 장의 제목이 '지금 어떤 영적 훈련을 하고 있습니까?'라는 질문이 된 것이며, 이것은 당신이 거룩함을 이루어 가는 과정에서 그 성장 정도를 세밀히 보여줄 것입니다. 물론 하루나 또는 한 주 정도 영적 훈련이 차지하는 비율이 전보다 높아졌다고 해서(그것도 대단히 중요한 것이기는 하지만) 그것이 꼭 성장했음을 의미하지는 않습니다. 정작 중요한 것은 영적 훈련의 영향력이 당신의 삶 속에서 계속 확대되는가의 여부입니다. 성장하는 그리스도인들은 하나님으로 인해 기뻐하는 것들에 대해 점점 욕심을 냅니다. 하지만 당신이 영적인 훈련 가운데 어떤 하나를 완전히 무시하고 있다면 그 훈련을 딱 끄집어내어 정해진 일과표에 포함해야 합니다.

당신이 만약 이 훈련을 실행한다면 반드시 성장하게 될 것입니다. 예를 들어, 어떤 사람이 성경묵상과 기도라는 훈련을 하고 있지 않다면, 그는 그리스도를 닮아 가기 위해 반드시 더 많은 시간을 그 두 가지에 할애해야 합니다. 기도와 묵상은 그리스도가 주로 행하신 것이며 하나님이 우리를 변화시키시는 기본 수단이기 때문입니다.

예수 그리스도를 믿는 사람들은 그분이 너무나 유쾌하고 매력적이기 때문에 예수님처럼 되려고 갈망합니다. 그리고 예수님처럼 되기 위해 예수님이 했던 것을 하고자 열망합니다. 즉 가능하면 예수님이 사셨던 것처럼 살고자 하는 것입니다. 그런데 예수님은 영적인 훈련을 하셨습니다. 이 훈련을 통해 그분은 의지적으로 하나님 앞에 나아가셨습니다. 그러므로 예수님처럼 되고자 하는 사람들은 예수님이 했던 것과 동일한 훈련을 해야 합니다.

그리스도인이 훈련에 참여하는 것은 예수님의 본을 따르는 것 그 이상의 의미를 지닙니다. 영적 훈련은 그리스도를 사랑하는 자들이 그분과 의도적으로 교제하는 성경적인 길입니다. 모든 사람은 친밀함을 갈망합니다. 특히 지극히 위대한 사랑에 대해서는 더욱 그렇습니다. 그렇기 때문에 예수님과 점점 더 친밀하게 될수록 당신은 분명 그런 친밀함을 만들어 주는 방법을 찾을 것입니다. 그런 상태에서는 훈련을 단지 의무로 생각하지 않을 것이며, 그리스도의 겉모습을 따라가는 것만으로도 생각하지 않을 것입니다. 오히려 그것을 하늘로부터 우리 영혼에 내려온 생명이요 빛으로 여길 것입니다.

예수님과의 친밀함은(그의 아름다움은 언제나 새롭기 때문에) 더욱 깊은 사랑을 촉진하며, 그런 사랑은 보다 깊은 교제를 하고 싶은 갈망을 갖게 할 것입니다. 그러므로 당신은 그리스도와 점점 친밀해질수록, 반드시 그분을 더 깊이 경험하게 해주는 훈련에 참여하게 될 것입니다. 영적 훈련은 그리스도와 교제하는 통로이므로 그리스도 안에서 지속적인 성장이 이루어지도록 도와줍니다.

영적 훈련의 위험은 무엇입니까?

삶의 우선순위에 훈련을 조금 높게 두었다고 해서 자동으로 그리스도께 더 가까이 간다는 의미는 아닙니다. 예수님 시대의 바리새인들이나 우리 시대의 사이비들의 공통점은 모두 영적 훈련에 집중적으로 전념했다는 사실은 시사하는 바가 있습니다.

바리새인들은 한 주에 두 번 금식했고, 장시간 기도했으며, 여러 해 동안 구약성경의 내용을 배웠습니다. 엄청난 양의 시간을 바쳐서 훈련했지만, 그런 훈련을 하면서도 여전히 하나님의 아들을 미워했습니다. 그들은 훈련에 있어서는 모범적이었지만, 여전히 불경건의 대명사로 불렸습니다. 사이비 집단들도 이와 마찬가지입니다. 이들은 장기간의 기도와 금식, 그리고 거대한 규모의 종교적인 봉헌에 힘을 기울이는 것으로 유명합니다. 그러나 하나님의 영이 우리 안에서 성화를 이루어 가시지 않다면 그런 노력은 단지 심판대 앞에 선 사람들에게 죄를 더욱 가중시킬 뿐입니다.

영적 훈련 그 자체는 우리가 그리스도를 닮아 가고 있다는 표지가 될 수 없습니다. 오히려 그것은 그리스도를 닮아 가는 방편이 됩니다. 이런 구분에 대한 이해가 없다면 훈련을 해도 그리스도를 닮는 일과는 전혀 상관없는 것이 될 수 있습니다.

참된 성도라 하더라도 동기가 그릇되었거나 허울만 좋은 경건 활동을 경건으로 착각하고 있다면 아무리 많은 시간을 성경 읽는

데 할애하더라도 영적 성장을 전혀 기대할 수 없습니다.

영적 훈련이란 기계처럼 우리가 그것을 사용하기만 하면 그대로 예수님처럼 되는 종류의 것이 아닙니다. 오직 하나님의 은혜가 훈련 가운데 역사해야만 훈련 가운데 있는 사람들이 변화될 수 있습니다.

잘못된 동기를 가지고 영적 훈련을 악용하는 위험에는 또 다른 위험이 있는데, 그것은 불균형입니다. 교회에서 자신이 훈련을 어떻게 받고 있는지에 대해 점검이 가장 필요한 사람들이 누구입니까? 정말 아이러니한 사실이지만 그들은 교회에서 가장 활발하게 활동하고 있는 이들입니다. 하나님은 공동체적인 영적 훈련과 개인적인 영적 훈련에 모두 참여하라고 우리를 부르셨습니다. 적잖은 성도들이 공동체적인 훈련에 너무 열정적으로 참여하느라 개인적으로 훈련할 시간을 거의 갖지 않습니다. 그들은 아마도 공동체적인 훈련에 특별히 잘 참여하면 개인적인 훈련은 면제받을 것으로 생각하거나 불필요한 것처럼 생각하는 것 같습니다. 즉 '나는 항상 교회에 가고 거기서 많은 것을 얻는데, 굳이 왜 그런 개인적인 훈련을 해야 하는가?'라고 생각하기 쉽습니다.

교회에서 봉사하는 것은 미덕입니다. 그러나 요즘에는 사람들이 점점 더 이런 공동체적인 훈련을 하지 않습니다. 갈수록 교회를 가족의 관점으로 보지 않고 소비자의 관점에서 보고 있기 때문입니다. 반면 충실하게 봉사하는 사람들 가운데서도 어떤 사람들은 가장 중요한 두 가지 훈련, 즉 개인적 훈련인 기도와 성경묵상을 위해서는 시간을 내지 않습니다. 교회에서는 가장 성실한 일꾼이지만 교회 문 밖에만 나가면 성경을 전혀 읽지 않고 전혀 기도를 하지 않는 많은 사람을 저는 알고 있습니다.

그리스도를 위해 일하는 것은 좋습니다. 그것은 건강한 그리스도인입니다. 그러나 그리스도와 함께 친밀한 교제를 나누며 그분의 말씀을 들을 수 있는 충분한 시간을 갖지 않으면서 그리스도를 위해 일하는 것은 영적으로 건강하지 않은 것이며 잘못된 것입니다. 예수님은 아버지를 섬기는 일에 매일 헌신하면서도 그만큼 개인적인 영적 훈련을 통해 아버지와 규칙적으로 교제함으로써 당신 자신의 영혼을 새롭게 하는 일을 소홀히 하지 않으셨습니다(마 14:23, 막 1:35, 눅 4:42; 5:16; 6:12-13).

어떤 사람이 만일 공적 예배에서 진심으로 예배를 드리고 있다면, 어떻게 그런 경험을 한 주에 한 번 하는 것으로 만족할 수 있을까요? 영화로우시며 우리를 만족케 하시는 하나님을 1주일 내내 개인적으로 예배하면서 체험할 수 있는데도 말입니다. 주일에 주님을 만나고 주님의 말씀을 들은 다음, "이제 충분해요. 앞으로 한 주 동안은 더 이상 필요할 게 없어요"라고 말할 수 있을까요? 그런 예배자가 어떻게 성장하는 그리스도인이 될 수 있을까요?

조나단 에드워즈는 훨씬 더 회의적입니다. "만일 사람들이 다른 사람들과 함께 있을 때는 깊은 영향을 받으면서도 홀로 하나님과 함께 있을 때는 감동을 받지 않다면, 그것은 자신의 종교를 아주 어두운 상태에서 구경하는 것입니다."[1] 심지어 시체도 다른 사람의 불에 의해 따뜻해질 수 있습니다. 그러나 하나님을 믿는 사람들은 그들 안에 성령의 불, 곧 일주일 동안 매일같이 그들에게 하나님을 향한 사랑의 불꽃을 점화시켜 주는 성령을 갖고 있습니다.

이와 정반대되는 것으로 자기 자신의 개인적인 영성에만 몰입되어 있는 사람들도 있는데, 이들은 공동체적 훈련을 통해 균형을 잡을 필요가 있습니다. 하나님 앞에서 홀로 시간을 보내는 개인적인 영적 훈련이 그리스도를 닮아 가는 데 중요하지만, 신약성경에서 그리스도의 백성이 행하는 것처럼 공적인 예배와 그리고 다른 성도들과 함께하는 기도, 친교, 봉사, 성만찬을 통한 성도의 교제 역시 그리스도를 닮아 가는 데 필수적입니다.

영적 훈련을 위한 3가지 방법

어떤 의미에서 나는 이 질문에 대해서는 책 한 권 분량으로 이미 다른 곳에서 대답을 한 바 있습니다(각주 1번을 보십시오). 여기서는 타당성을 갖는 세 가지 제안을 하겠습니다.

1. 효율성을 추구하고 당면한 과제를 완수하는 일에 전념하기

보다는 영적 훈련을 통해 그리스도를 닮는 것을 추구하면서 하나님을 기뻐하는 일에 더 전념하십시오.

점점 빨라지는 삶의 속도와 우리 문화 가운데 나타나는 진보의 물결은 결코 영혼의 성장이나 하나님 및 다른 사람들(가족, 동료 성도, 비그리스도인 포함)과의 관계 개선을 촉진시켜 주지 않습니다. 삶을 지탱하기 위한 요구사항들을 맞추기 위해 부질없는 노력을 하는 사이 우리의 영혼은 시들어 버립니다.

우리는 이전보다 더 많이 성취해야 할 임무와 활동을 안고 마감시간에 쫓기는 인생을 살고 있습니다. 갈수록 우리는 이전보다 더 많이 조직하고, 더 많이 저장하고, 더 잘 유지해야 합니다. 이로 인해 우리는 점점 더 무의미한 삶을 이끌어 가는 일에 유능해져 갑니다. 하나님이 우리에게 주신 수단을 통해 우리의 삶의 목적이 되며 우리의 삶을 평가하실 분인 예수님을 좀 더 닮아 가지 않다면, 우리가 여러 가지 일을 한꺼번에 처리하고 더 많은 일들을 이루어 부를 획득한들 무슨 소용이 있겠습니까?

2. 단기간에 그리스도를 닮을 수 있는 방법이 있다는 사람들의 유혹을 물리치십시오. 제임스 글레이크의 베스트셀러 《패스터》의 부제는 '거의 모든 것에 대한 가속도'입니다.[2] 가속도가 적용되는 원칙으로부터 언제나 제외되는 것이 있다면, 그것은 경건에 있어서 성장을 이루어가는 일입니다. 기계의 속도가 아무리 빨라진다

해도 그것이 영혼의 성장을 빠르게 해줄 수는 없습니다. 빨라지는 인터넷 접속이 우리로 하여금 더 빨리 예수님을 닮게 만들지는 않습니다. 신학자 R.C. 스프라울은 다음과 같이 강조했습니다.

> 영적인 성숙에는 지름길이 없습니다. 더 깊은 차원의 성숙을 추구하는 영혼은 오랫동안 고된 일을 할 각오가 되어 있어야 합니다. 만일 우리가 하나님 나라를 추구한다면, 우리는 인스턴트식으로 영적인 만족을 보장하는 어떤 공식도 포기해야 합니다.[3]

그러나 아무리 많은 시간과 노력이 요구된다 하더라도 예수 그리스도와 함께하는 가운데 느끼는 친밀함과 그분의 아름다운 형상을 추구하는 것은 값진 일입니다.

3. 적어도 하나 이상의 분명한 불쏘시개를 가지고 영적인 생명의 불을 지피십시오. 난로의 장작불이 잘 타고 있을 때 대개는 한두 차례 철 불쏘시개를 가지고 장작을 골라주어야 불이 계속해서 잘 탑니다. 당신이 이번 장을 다 읽었다고 해서 이 책을 그냥 덮어버리지 말고, 적어도 한 가지 분명한 영적 훈련을 선택해서 영적 성장을 이루는 불을 지피십시오. 그리고 적어도 한 번은 확실하게 영적인 장작을 골라주길 바랍니다.

영적 처방을 위한 일곱 번째 질문

지금 어떤 영적 훈련을 하고 있습니까?

1. 영적 훈련이 차지하는 비율이 높아졌다고 해서 그것이 꼭 영적으로 성장했음을 의미하지는 않습니다. 영적 훈련이 당신의 삶 속에서 진정한 영향력으로 발휘되고 있는지 점검해 보십시오.

2. 교회에서는 성실하게 봉사하지만 가장 중요한 두 가지 훈련, 즉 기도와 묵상이라는 개인 훈련을 위해서는 시간을 내지 않는 사람들이 많습니다. 당신은 이 두 가지 훈련에 열심을 내고 있습니까?

3. 영적 성숙에 지름길은 없습니다. 더 깊은 차원의 성숙을 추구하기 위해 당신은 고된 일을 할 각오가 되어 있습니까? 인스턴트식 영적 만족을 포기합시다.

여덟 번째 영적 건강 처방전

죄에 대해 여전히
애통해하고 있습니까?

더 높은 차원의 거룩함에 도달하는 첫 번째 단계는
죄가 지닌 엄청난 죄성을 더 온전하게 깨닫는 것이라고 나는 확신합니다.

J. C. 라일

매사추세츠의 노스햄프턴에 정착하기 전 해인 1725년, 교회의 목사였던 할아버지를 돕기 위해 그곳에 가려 했던 젊은 조나단 에드워즈는 다음과 같은 글을 남겼습니다.

요즘 나는 과거 내가 회심하기 전의 그 어느 때보다도 내 자신의 사악함과 마음의 완악함을 뼈저리게 느끼고 있습니다. 만일 하나님이 나의 죄를 점수로 매기신다면 나는 창세 이래로 지금까지 있었던 모든 사람보다도 가장 악한 자로 드러날 것이며, 지옥의 맨 밑바닥에 떨어질 것이라는 느낌이 들곤 했습니다.
오랫동안 내 안에 있는 사악함이 말로는 표현하기 어려울 정도로 많아 보였으며, 그것은 마치 큰물이나 산이 내 머리 위를 덮쳐서 나의 모든 생각과 상상을 전부 삼켜 버리는 것 같았습니다. 나는 내 죄가 그냥 한없이 내 머리 위에 쌓이고 또 쌓여서 엄청나게 커져 가고 있다고 밖에는 달리 표현할 길이 없는 것처럼 느껴졌습니다. 최근 여러 해 동안 이 표현이 내 마음과 입에 자주 맴돌았습니다. '끝없이 쌓이고 또 쌓여서 감당할 수 없을 만큼 커져 가고 있습니다!' 내 마음의 사악함을 볼 때, 그것은 마치 지옥보다도 더 깊은 나락처럼 보였습니다.[1]

이 사람은 정상적이며 건강한 그리스도인입니까? 아니면 뭔가에 사로잡혀 비굴해진 사람입니까? 저는 죄에 대해 애통해 하는 조나단 에드워즈의 말을 통해 그가 은혜 안에서 자라고 있다는 확실한 증거를 보게 되었습니다. 성장하는 그리스도인이라면 조나단 에드워즈처럼 생각하고 애통해 해야 한다고 저는 믿습니다. 제 말의 의미는 다음과 같습니다.

죄에 대해 애통해 할 때 성장합니다

그리스도에게 가까이 가면 갈수록 당신은 죄를 더욱더 미워하게 될 것입니다. 죄만큼이나 그리스도와 어울리지 않는 것도 없습니다. 예수님도 죄를 미워하셨기 때문에 우리가 예수님을 닮아 가면 닮아 갈수록 죄를 미워하게 될 것입니다. 그리고 죄를 미워하면 미워할수록 우리는 자신이 구세주를 죽였던 그 죄를 품고 있다는 사실에 애통해 할 것입니다.

생애의 말년을 보내고 있던 사도 바울보다 더 그리스도를 가까이에서 본 사람은 세상에 없을 것입니다. 그는 누구에게나 보편적으로 인정을 받는 그리스도의 형상을 닮은 본보기였습니다. 그는 여러 차례 주님의 음성을 직접 들었으며(행 9:1-6; 18:8-10; 22:17-18) 천국의 영광을 살짝 들여다볼 수 있는 특권까지 누렸습니다(고후 12:2-4). 그럼에도 불구하고 그는 말년에 쓴 서신서에 이렇게 적고 있습니다. "그리스도 예수께서 죄인을 구원하시려고 세상에 임하셨다 하였도다 죄인 중에 내가 괴수니라"(딤전 1:15). 바울이 정말 그렇게 말했다면(나는 그렇다고 확신합니다), 다시 말해 이것이 정말 마음에서 우러나온 것이었다면, 그는 이 말을 그냥 냉랭하게 하지는 않았을 것입니다. 아마 한마디씩 내뱉을 때마다 죄에 대해 가슴을 찢는 애통함을 가지고 말했을 것입니다.

언젠가 존 한나가 한 말이 기억납니다. "그리스도에게 가까이 가면 갈수록 우리는 어떤 점에서 더욱 비참함을 느끼게 됩니다."[2] 성령께서 거룩한 진리, 거룩한 것, 그리고 거룩하신 분을 향한 사랑의 마음을 심어 놓은 사람은 그들 안에 거룩하지 못한 어떤 것을 발견할 때마다 참담함을 느끼지 않을 수 없습니다. 종종 성장하는 그리스도인들도 죄의식에 짓눌려 너무 비참해지는 때가 있습니다. 자신의 가슴을 찢고 죄로 시커멓게 멍든 심장을 도려내서 그것을 가능한 한 자신으로부터 아주 멀리 던져 버리고 싶은 때 말입니다.

그러나 죄와의 투쟁이 있고 죄로 인해 애통하는 마음이 있다는 사실은 좋은 것입니다. 불신자들은 이 같은 투쟁이나 애통함이 없습니다. 그들은 자기 자신의 기준이나 그들이 존경하는 다른 사람들의 기준에 맞춰 살지 못한 것에 대해서는 실망하지만 자신들이 하나님, 곧 우리를 거룩함으로 부르신(벧전 1:15) 분 앞에서 거룩하지 못한 것에 대해서는 가슴 아파하지 않습니다. 아더 핑크는 이것에 대해 이렇게 설명했습니다. "신앙을 가졌다고 말로만 떠벌리는 사람들과 하나님의 자녀들 사이를 구별 짓는 기준이 있습니다. 그것은 그들이 죄가 있는지 없는지에 대한 것이 아니라 죄에 대해서 애통해 하느냐 하지 않느냐에 달려 있습니다."[3]

몇 년 전에는 아무렇지도 않았던 일들이 지금은 죄로 인식됩니까? 자신에게서 새로운 죄들을 발견하게 될 때 우리 마음은 낙심합니다. 이제까지 아주 깊이 감추어져 있던 죄들이 밖으로 드러나는 것이 가슴 아픈 일이기는 하지만, 그런 일은 아주 긍정적인 측면이 있습니다. 죄에 대해 더욱더 예민해진다는 것은 성장의 표시입니다. 당신은 몇 년 전보다 훨씬 더 영적인 발전을 이룩하고 있는 것입니다. 왜냐하면 그때만 해도 당신은 그런 것들이 죄라는 것조차 인식하지 못했기 때문입니다. 그리스도의 빛에 가까이 가면 갈수록 그분의 거룩한 빛이 당신 안에 있는 죄를 더 많이 보게 할 것입니다. 토마스 버나드의 말처럼, "죄의식이란 하나님을 가까이 하는 것에 정비례합니다."[4]

에드워즈의 말은 옳습니다. "참된 성도는 하나님을 더 많이 사랑하면 할수록 죄에 대해 더 많이 애통하게 됩니다."[5]

죄에 대해서 계속 슬퍼해야만 합니까?

저와 제 아내가 오랫동안 알고 지내온 친구 하나가 최근에 이메일을 보내 왔습니다. 이메일에는 그녀의 이런 의구심들이 나타나 있었습니다.

오직 하나님의 사랑과 은혜에 초점을 맞추기보다 항상 자신의 죄에 대해 의식하는 것이 바람직한 일인가? 결국 우리는 이미 용서를 받았는데 그것은 비생산적이지 않은가? 어떤 사람이 만일 지나치게 내성적이거나 쉽게 낙담하는 성향을 가지고 있다면, 자신의 죄인 됨을 자주 생각하는 것이 오히려 극단적인 죄책감이나 우울증에 빠지게 하는 원인이 되지 않을까?

과도한 내적 성찰은 그 자체가 죄가 될 수 있습니다. 그러나 이 시대의 영은 사람들이 자신의 죄에 대해 고민하며 극단으로 치닫게 하는 일과는 오히려 거리가 멉니다. 심지어 교회에서조차도 죄를 깨닫게 하는 일보다는 종교적 '공연'이 예배의 주된 요소가 되었습니다. 설교는 마음을 살피게 하는 것이라기보다 오히려 긍정의 힘을 북돋우는 것으로 변질되었습니다. 그것이 기쁨의 눈물이든, 회개의 눈물이든 눈물보다는 교인들을 웃게 하는 데 더 치중되어 있는 것 같습니다.

사실, 우리 그리스도인들은 두 가지 경우를 균형 있게 다루어야 합니다. 하나는 삶 가운데 당면하게 되는 죄의 문제이며, 또 다른 하나는 그리스도를 통해 얻은 용서와 은혜, 즉 영적 자유를 누리는 문제입니다. 많은 목사들과 교회가 하나님의 진노와(하나님이 용서하신 사람들까지 포함한) 사람들의 죄성에 대해 지나치게 강조하곤 합니다.

한편으로 인간이 저지르는 모든 잘못과 죄에 대한 지나친 강조는 물론이거니와 또 다른 한편 그리스도인의 삶을 특징짓는 것이 바로 기쁨이라는 사실이 유효함에도 신자가 그리스도 안에서 성장할수록 죄에 대해 더 애통하게 된다는 것은 여전히 진리입니다.

조나단 에드워즈가 《신앙감정론》에서 말한 대로, "성도와 위선자의 한 가지 커다란 차이는 이것입니다. 성도는 위선자와 마찬가지로 기쁨과 위로를 받아들이긴 하지만, 죄에 대한 거룩한 슬픔과 애통함도 동시에 받아들인다는 것입니다."[6]

참된 그리스도인이란 죄에 대해 애통해 본 경험이 있을 뿐만 아니라 여전히 죄에 대해 애통하는 사람이라고 예수님 자신도 설명하고 계십니다. "애통하는 자는 복이 있나니 그들이 위로를 받을 것임이요(여기서 애통하는 자는 현재형)"(마 5:4). 그렇다고 이 말이 그리스도인들이 매순간 죄에 대해 애통해야 한다는 뜻은 아닙니다. 이 말은 평생 동안 죄에 대해 애통해야 한다는 의미입니다. 사도 바울의 글을 읽을 때마다 우리는 그가 끝없이 죄에 대해 슬퍼하고 있는 것을 발견하게 됩니다. 그러나 종종 우리는 그가 아주 기뻐하는 모습을 볼 때가 있는데, 이때 그는 결코 슬퍼하지 않습니다.

예를 들어 빌립보 감옥에서 실라와 더불어 한밤중에 하나님을 찬양하는 노래를 부르는 그의 모습을 읽어 보십시오(행 16:25). 하지만 다른 한편, 바울은 인생의 마지막 무렵 그는 자신을 죄인 중의 '괴수'라고 고백했습니다. 내면 깊은 곳의 죄로 인한 애통함이 이런 고백을 하도록 만들지 않았다면 그는 그런 생각을 품지도 못했을 것입니다.

한 사람의 일생 가운데 그리스도 안에서 회개를 경험하는 일과 이런 신앙을 갖게 되는 일이 일회적 사건으로만 이해되는 경우가 적지 않습니다. 그런 까닭에 이 문제에 대한 얘기를 들을 때마다 "이미 끝난 얘긴데 뭐"라는 식으로 말하게 됩니다. 그러나 그리스도인은 평생 회개하는 사람들이고, 또한 평생 믿는 사람들입니다. 그리스도인이라면 자신이 죄로부터 돌이켰을 때의 경험과 그리스도를 신뢰하게 된 중요한 경험을 매일의 삶 가운데서 적절하게 반영하며 살아야 할 것입니다. 그렇다고 하나님의 자녀들이 매일 다시 태어나야 한다는 의미는 아닙니다. 죄는 한 번의 용서로 해결됩니다. 하지만 그리스도인이 거듭 태어날 때 가졌던 첫 경험, 곧 회개와 믿음의 경험은 삶 전체를 통해 늘 일어납니다.

제러마이어 버로우즈는 그의 책 《악 중의 악》에서 다음과 같이 상술하고 있습니다.

> 죄로 인해 고통 받는 문제에 대해 세상 사람들이 잘못 이해하고 있는 면이 있습니다. 그것은 죄에 대해 단 한 번 회개하고 애통해 하면 된다는 생각입니다. 따라서 과거에는 죄로 인해 고통을 당했을지 모르지만 이제는 더 이상 그럴 필요가 없다고 생각합니다. 그것은 위험한 착각입니다. 죄로 인한 참된 슬픔과 회개는 일평생 동안 계속 지속되어야만 할 행위이기 때문입니다. 그리고 이 회개는 하나님이 죄를 용서해 주시지 않으실까 봐 두려워할 때, 즉 우리가 죄 때문에 지옥에 갈까 봐 두려워할 때뿐 아니라, 하나님이 우리 죄를 용서해 주실 것을 바라보고 우리의 죄가 용서되었다는 것을 알게 될 때에도 하는 것입니다.[7]

그러므로 그리스도인이란 항상 새롭게 그리스도를 바라보면서 자주 죄로부터 돌이키는 사람입니다. 따라서 그는 자주 죄의 존재로 인해 애통해 하곤 합니다. 그렇다면 자주 해야 한다는 이유만으로 냉랭하고 기계적인 회개를 하게 될까요? 절대 그럴 수는 없습니다. 평생 죄를 회개한다는 것은 평생 죄로 인해 애통해 한다는 것을 의미합니다.

죄에 대해 애통하는 법: 바른 방법과 잘못된 방법

고린도후서 7장 8~11절에서 성경은 죄로 인한 두 가지 종류의 슬픔을 나란히 대조하고 있습니다. 하나는 '하나님의 뜻대로 하는' 슬픔이고, 다른 하나는 '세상을 위한' 슬픔입니다. 하나님의 뜻대로 하는 근심은 성도를 하나님의 은혜와 구원으로 인도하는 것인 반면, 세상적인 근심은 성도에게 성경적인 회개를 이끌어내지 못한다는 점을 대조적으로 설명하고 있습니다.

비그리스도인들조차도 죄에 대해 슬퍼할 수 있습니다. 하지만 '하나님의 뜻대로 하는' 슬픔이 아니라면 회개와 그에 따르는 열매를 얻을 수는 없습니다. 영생으로 인도하는 '하나님의 뜻대로 하는'(경건한) 슬픔을 경험한 그리스도인이라면 마땅히 죄에 대해 애통해 하겠지만, 세상 사람들이 하는 것과 별반 다르지 않게 행할 수도 있습니다.

경건한 슬픔은 자신의 불완전함을 시인하는 차원의 슬픔이 아닙니다. 저는 지금까지 자신을 완전하다고 생각하는 사람을 한 번도 만나본 적이 없습니다. 하지만 상대적으로 자신이 하나님의 법을 쉽게 범하는 사람이라는 것 때문에 가슴을 찢으며 애통해 하는 사람들도 거의 만나본 적이 없습니다.

자칭 그리스도인이라고 하는 많은 사람이 마치 어린아이가 자기 형제에게 억지로 "미안해"라고 말하는 것처럼, 하나님께 자신들의 죄를 솔직히 고백하며 정말로 비통해 하는 모습을 거의 보지 못했습니다. 하나님의 자녀로서 죄에 대해 겨우 그 정도밖에 느끼지 못한다면 말이 됩니까? 죄로 인한 경건한 슬픔은 진정으로 '애통함'을 담고 있어야 합니다.

경건한 슬픔은 회개, 즉 죄에 대한 마음의 변화를 일으키고 이것은 다시 행동의 변화를 만들어 냅니다.

사도 바울은 고린도에 있는 교회에게 죄에 대해 편지를 썼는데, 나중에 그는 이런 결과를 얻은 것에 대해 기뻐했습니다. "내가 지금 기뻐함은 너희로 근심하게 한 까닭이 아니요 도리어 너희가 근심함으로 회개함에 이른 까닭이라"(고후 7:9). 죄에 대한 이들의 슬픔과 구약성경의 족장인 야곱의 형 에서가 보여준 태도를 비교해 보십시오. "눈물을 흘리며 구하되 버린 바가 되어 회개할 기회를 얻지 못하였느니라"(히 12:17). 에서와 같이 우리는 죄에 대해 후회의 눈물을 흘리면서도 마음이나 삶에는 변화가 없을 수도 있습니다. 즉 진정한 회개가 없을 수도 있다는 말입니다. 경건한 슬픔은 참된 슬픔을 포함합니다. 그러니 참된 회개 없는 참된 슬픔은 경건한 슬픔이 아닙니다.

덧붙여 말하자면 '하나님의 뜻대로 하는' 죄로 인한 슬픔은 진심으로 겸손합니다. 조나단 에드워즈는 자신의 죄성을 말하는 사람들 중에 어떤 교만한 사람들의 모습을 이렇게 나타내고 있습니다.

> 그들은 이렇게 말할지도 모릅니다. '저는 형편없이 나쁜 사람입니다. 조금도 불쌍히 여길 만한 가치도 없고 하나님이 굽어 살펴보실 만한 가치도 없습니다. 오, 저의 마음은 흉악무도합니다. 제 마음은 마귀보다 악합니다.' 그들은 이런 표현을 자주 사용하지만 실제로 그들에게는 상한 심령이 없습니다. … 그들 자신이 말하는 사악함에 대한 표현처럼 그들의 마음은 정말 사악함으로 가득합니다. 그럼에도 불구하고 그들은 자신들이 말한 거짓 겸손으로 다른 사람들에게 탁월하고 뛰어난 성도로 추앙받길 기대합니다.[8]

성장하는 그리스도인들은 경건한 슬픔으로 인해 자신에게 있는 교만함을 수천 배나 더 의식하게 됩니다. 때때로 그들은 하나님의 구원의 은총과 그런 교만함이 어떻게 마음속에 같이 존재할 수 있는지 의구심을 갖게 됩니다. 그들은 슬픔이 너무나 커서 자신들을 믿음 있는 성도라고 생각하는 것은 고사하고, "모든 성도 중에 지극히 작은 자보다 더 작은 자"(엡 3:8)라고 느낍니다.

죄에 대한 세상적인 슬픔에서는 초점이 자기 자신이었습니다. 에서와 같이 그것은 죄의 결과로 인해 상실한 것에 대한 자기 연민을 나타낼 수도 있습니다(창 25:27; 27:36-38). 또 자기 자신의 기준이나 가족이나 교회의 기준에 부응하지 못한 것에 대한 실망을 나타낼 수도 있습니다. 세상적인 슬픔은 심지어 하나님의 분노와 지옥에 대한 자기중심적인 두려움을 내포할 수 있습니다. 이런 것들을 두려워하는 것은 괜찮습니다. 하지만 그 두려움은 하나님의 마음을 아프게 한 것에 대한 슬픔이 아니라, 하나님에 대한 생각은 조금도 하지 않으면서 오직 자기 자신에 대한 관심으로 인해 나온 두려움일 수 있습니다. 모든 세상적인 슬픔은 그 자체가 죄입니다. 그것의 주된 관심이 자기를 향해 있기 때문입니다. 이것에 대해 버로우즈는 다음과 같은 글을 썼습니다.

> 하나님을 대적한 죄로 인해 당하게 되는 영혼의 수치심만큼 인간을 수치스럽게 만드는 것은 없습니다. 사람이 죄로 인해 어떻게 무한하시고 영광스러우시며, 모든 만물의 처음이 되는 분에게 대항해 왔는가를 이해하게 될 때, 사람들의 마음은 너무도 당연하게 겸손해집니다. 일반적으로 느끼는 수치심만으로는 충분치 않습니다. 그런 수치심들은 깊이가 너무 얕기 때문입니다. 사람의 영혼이 하나님께 대항한 죄로 인해 겸손해지지 않다면 우리는 영원히 수치심을 느낄 수밖에 없습니다.[9]

다윗 왕은 커다란 죄를 범한 사람이었습니다. 하지만 하나님은 그를 "내 마음에 맞는 사람"(행 13:22)이라고 하셨습니다. 다윗은 하나님께 진심으로 마음을 다해 회개한 사람이었기 때문입니다. 그가 얼마나 하나님 중심으로 슬퍼하고 있는지를 주목해 보십시오.

> 내가 주께만 범죄하여 주의 목전에 악을 행하였사오니 주께서 말씀하실 때에 의로우시다 하고 주께서 심판하실 때에 순전하시다 하리이다 (시 51:4)

그는 이 시 전체를 하나님께 드리고 있습니다. 51편 한 장 안에 무려 31번이나 하나님을 지칭하는 말이 나옵니다. 다윗이 보여주는 것처럼 경건한 슬픔이란 '하나님을 향한' 슬픔입니다. 우리의 초점이 우리가 아닌 하나님이 될 때 우리는 은총을 소망하면서 다윗처럼 기대하는 마음으로 이렇게 기도할 수 있을 것입니다. "주의 구원의 즐거움을 내게 회복시켜 주시고 자원하는 심령을 주사 나를 붙드소서"(시 51:12).

죄에 대한 그리스도인의 경건한 애통에는 또 다른 차원의 부드러운 달콤함이 있습니다. 경건한 슬픔은 사랑하는 사람이 앞으로 있을 일을 사모하면서 겪는 고통입니다. 우리가 죄에 대해 애통해 하는 이유는 아직 오지 않았지만 앞으로 올 거룩함을 너무 사모하기 때문입니다. 바울은 로마서 8장 23절에서 이렇게 쓰고 있습니다. "또한 우리 곧 성령의 처음 익은 열매를 받은 우리까지도 속으로 탄식하여 양자 될 것 곧 우리 몸의 속량을 기다리느니라."

거룩하지 않은 피조물 안에 임하시는 성령의 임재는 우리가 약속은 받았지만 아직 받지 못한 것, 곧 거룩한 몸 안에 사는 완전히 거룩한 심령과 거룩한 마음에 대한 사모함을 불러일으킵니다. 우리는 그의 임재로 인한 완전한 거룩함을 아직 가지지 않았으며, 여전히 우리가 하나님이 우리에게 정해 주신 것, 곧 죄 없으신 그분의 아들의 형상대로 되는 날을 기다리고 있음을 고통스럽게 상기하면서 신음합니다(롬 8:29-30).

"만일 내가 죄에 대해 슬퍼하지 않다면 나는 무엇을 해야만 합니까" 그 다섯 가지 방법

존 오웬은 심지어 이런 말을 했습니다. "죄가 가장 큰 마음의 부담이요 슬픔이요 고통이 되지 않는 사람이 어떻게 참된 성도가 될 수 있는지 나는 이해할 수 없습니다."[10] 만일 당신이 오웬의 말에 공감을 하지 못한다면 지금부터 권하는 내용들을 잘 살펴보십시오.

1. 신약성경의 복음을 이해하고 있는지 짚김하십시오. 저는 교회 다니는 사람들 중에 너무나 많은 사람이 복음을 명확히 모르고 있다는 것에 항상 놀랍니다. 편지나 이메일을 쓸 때처럼 당신이 알고 있는 것을 적어 보십시오. 한두 문장으로 적지 말고 한 단락이나 한쪽 분량으로 적어 보십시오. 이 경우 특히 복음의 두 부분에 주의를 기울여야 합니다. 하나는 예수님의 죽음이 필요한 이유이며, 또 하나는 믿음과 회개 사이의 관계에 관한 것입니다.

2. 하나님께 죄의 실체를 보여 달라고 간구하십시오. 당신이 언제, 어디서, 어떻게, 왜, 그리고 누구에게 죄를 지었는지에 대하여 구체적으로 보여 달라고 구하십시오.

3. 시편 51편을 가지고 천천히 기도하십시오. 그것이 마음에서 우러난 당신 자신의 기도가 되게 하십시오. 이 말씀은 다윗이 하는 말 이상의 것임을 기억하십시오. 말씀은 하나님의 감동으로 기록된 것이며(딤후 3:16), 죄에 대해 애통해 하는 것에 대한 예로 이 시를 보존시키신 것입니다. 이 말씀이 당신 자신의 마음에 반영될 때까지 이 말씀을 가지고 기도하십시오.

4. 하늘로부터 내려오신 거룩하고 죄 없으신 분이 바로 우리의 죄로 인해 십자가에 못 박히셨다는 사실을 묵상하십시오. 당신은

예수님을 죽게 한 것에 대해 슬퍼해본 적이 있습니까? 당신의 죄로 이 세상에서 가장 순결하고 사랑스러우며 아름다운 분이 희생되었다는 것을 생각해 보십시오. 당신이 지은 것과 똑같은 죄로 지금 지옥에 가 있을 다른 사람들에 대해 생각해 보십시오. 하나님 자신이 세우신 영원하고 완벽한 법을 당신은 얼마나 반복해서 어기고 무시했는지 기억해 보십시오. 당신의 모든 죄는 이중적인 것임을 깨달으십시오. 모든 죄는 가장 으뜸인 계명, 곧 "네 마음을 다하고 목숨을 다하고 뜻을 다하고 힘을 다하여 주 너의 하나님을 사랑하라"(막 12:28-30)는 말씀을 지키지 못한 것이기 때문입니다. "보라 이 사람이로다"(요 19:5). 바로 당신의 죄가 그를 찌른 것입니다. 그런 다음 예수님의 삶과 죽음이 회개하고 그를 믿는 모든 자들을 죄로부터 구속한다는 것을 기억하십시오. 당신의 죄가 당신을 그리스도께 더 가까이 가도록 몰아세우게 하십시오. 저는 당신의 죄가 오직 그리스도를 더욱더 높이는 일에만 도움이 되길 바랍니다.

5. 복음을 당신 자신에게 매일 전하십시오. 이 말은 제리 브리지스의 글에서 빌려온 것입니다. 그는 다음과 같이 썼습니다.

그러므로 당신 자신에게 복음을 전한다는 것은 당신 자신의 죄에 계속적으로 직면한 다음, 예수님의 흘린 피와 의로운 생명을 믿고 그분에게 피하는 것을 의미합니다. 그것은 예수님이 하나님의 율법을 완전히 충족시키셨음을 인정하는 것입니다. 뿐만 아니라 그가 당신의 속죄물이 되셨다는 것과 하나님의 거룩한 진노가 더 이상 당신을 향하지 않는다는 사실을 믿음을 가지고 내 것으로 받아들이는 것을 의미합니다. … 그러나 당신은 한 가지 사실을 확신할 수 있습니다. 당신 자신이 진지하게 거룩함을 추구했을 때, 자신이 얼마나 끔찍한 죄인인가를 깨닫기 시작한다는 것입니다. 그리고 만일 당신이 복음에 확고히 뿌리를 내리지 못하고 그것을 매일 묵상하는 법을 배우지 못한다면, 당신은 곧 낙담하게 될 것이고 거룩함을 따르는 일에 대한 의욕도 사라질 것입니다.[11]

이러한 죄에 대해 애통해 하는 사고방식에 기초하여 당신의 삶을 다음과 같은 두 가지 방법으로 평가해 보십시오. 하나는 이상에 근접한 방법이며 또 하나는 이상을 향해 가고 있는 방법입니다. 당신은 당신의 이상적인 모습, 곧 예수님을 닮은 모습을 그려 볼 것입니다. 그러나 자신이 이것과는 너무 동떨어져 있다는 현실에 낙담하게 될 것입니다.

자신을 예수님의 완전함과 너무 지나치게 비교하는 것은 우리를 상심하게 만듭니다. 그렇다고 비교도 해보지 않는 것은 영적 교만을 낳을 수 있습니다. 하지만 당신은 자신이 하나님의 은혜로 이 두 가지 중 어디에 속하든 거기까지 온 것을 보면서 희망을 가져야 합니다. 성장하는 그리스도인의 삶에는 이 두 가지를 모두 거치는 과정이 필요하기 때문입니다.

영적 처방을 위한 여덟 번째 질문

죄에 대해 여전히 애통해하고 있습니까?

1. 당신은 진정한 회개의 경험이 있습니까? 당신의 경험을 나누어 보십시오.

2. "죄인 중에 내가 괴수니라"라고 고백한 사도 바울은 죄에 대해서 가슴을 찢는 애통함으로 말했을 것입니다. 당신은 죄에 대해 이전보다 더 애통해 합니까?

3. 죄는 한 번의 용서로 해결됩니다. 하지만 그리스도인이 거듭 태어날 때 가졌던 첫 경험, 곧 회개와 믿음의 경험은 삶 전체를 통해 늘 일어나게 됩니다. 당신이 기도할 때마다 드리는 회개 기도는 냉랭하고 기계적이지 않습니까?

이홉 번째 영적 건강 처방전

다른 사람을
용서하고 있습니까?

용서하지 않는 것은 영혼의 생명을 죽이는 첫 번째 요인입니다.

제임스 카울터

미국 남부의 작은 농촌 교회의 담임목사로 부임한 것은 제 나이 27살 때였습니다. 저는 21년밖에 되지 않는 그 교회에 17번째 목사가 되었습니다. 이런 통계 수치는 27살이던 그 당시보다는 오늘날 제게 훨씬 더 많은 것을 깨닫게 해줍니다.

같은 주에 있는 작은 읍내에서 나고 자랐는데도 저는 어떻게 목사를 그렇게 끔찍하게 대하는 교회가 있다는 사실을 모를 수 있었을까요? 그들은 목사가 아무리 목회를 열심히 해도 전혀 개의치 않았습니다. 저는 제가 교인들을 사랑하고, 하나님 말씀을 잘 전하며, 힘을 다해 섬긴다면 교인들도 모두 좋은 반응을 보일 것이며 고맙게 생각할 것이라고 여겼습니다. 하지만 그것은 제 인생에서 가장 순진했던 생각이었습니다.

제가 부임하고 얼마 되지 않아 패치라는 자매가 점점 제게 반감을 품었습니다. 의견이 서로 맞지 않더니 결국에는 그것이 비난으로 바뀌었습니다. 비난의 수위가 점점 더 거세지더니 급기야 저에게 정면으로 대들었습니다. 한번은 "목사님이 설교하신 그런 믿음이 목사님에게 있다면, 여기를 사임하시고 하나님이 어떻게 필요한 것을 공급해 주시는가 한번 시험해 보시지 그래요?"라고 쏘아붙였습니다. 12개월이 흘러 제가 첫 휴가를 떠났을 때 그녀는 저를 해고할 목적으로 몇몇 집사들로 구성된 모임을 만들었습니다. 나중에 그녀는 저를 지지하는 사람들로 알려진 집사들을 '깜박 잊고' 그 자리에 부르지 못했다고 발뺌까지 했습니다.

그녀는 저를 내쫓고 싶어 안달이 나 있었으면서도, 정작 제가 휴가 중에 다른 교회와 인터뷰를 하고 있다는 소식을 전해 듣고, 그 교회에 전화를 걸어서 자신의 신분을 속인 채 제가 무슨 일을 하고 있는지 알아보려 했습니다. 제가 돌아왔을 때 그녀는 자신이 은밀하게 결성한 토요일 저녁 모임에 한번 방문해 주면 좋겠다는 초대를 해왔습니다. 교회 안의 몇 가지 문제들을 의논하자는 것이었습니다. 담임목사인 제가 어떻게 안 갈 수 있었겠습니까?

도착하기 무섭게 저는 재판을 받는 피고의 입장으로 거기에 참석했다는 사실을 알아차릴 수 있었습니다. 그때 패치는 스스로 검사의 역할을 했습니다. 그날 밤 그녀의 노력은 대부분 수포로 돌아갔지만, 그녀는 교회 앞에서 저에게 굴욕을 주고 저의 목회적 지도력을 손상시키려고 안간힘을 썼습니다.

15개월 동안 장이 뒤틀리는 것 같은 고통을 겪은 후 주님은 제게 새로운 문을 열어 주셨습니다. "나의 슬픔을 변하여 춤이 되게 하는"(시 30:11) 교회로 저를 부르신 것입니다. 저는 거기서 근 15

년 동안을 목회했습니다. 그러나 압력솥의 압력처럼 저를 그렇게 짓누르던 스트레스로 인해 가족들이 치른 대가는 혹독했습니다. 저와 아내는 5번이나 병원 신세를 져야 했고, 수술대 위에 3번이나 올라갔으며, 무려 16년 동안이나 아기가 생기지 않았습니다.

저는 패치를 의지적으로 용서해야 한다는 것을 알고 있었지만 그녀는 너무나 함부로 우리를 대했기 때문에 용서하기가 매우 힘들었습니다. 그 교회에 있던 마지막 달 아내는 생명을 위협하는 스트레스로 인해 갑상선 장애라는 진단을 받았고, 곧 수술을 해야만 했습니다. 아내가 처음 상담했던 내과의사는 아내를 진찰하더니 이렇게 묻는 것이었습니다.

"도대체 그 사람이 당신에게 무슨 짓을 했습니까?"

패치는 무자비하고, 사정을 봐주지 않고, 우격다짐으로 밀어붙이는 스타일이었습니다. 왜 제가 그녀를 용서해야 합니까? 수개월 동안 매일 계속해서 그녀의 얼굴이 제 눈앞에서 떠나지 않았습니다. 머릿속으로 저는 그녀가 제게 가한 공격들을 하나하나 다시 떠올리고 있었습니다. 얼굴을 떠올리며 그녀 앞에서 하고 싶었던 말들을 내뱉고 있었습니다. 이런 일은 차를 운전하고 있을 때, 잠을 청하려 할 때, 심지어 기도 중에도 나타났습니다. 저는 문득 제 자신이 그녀를 향해 이를 갈고 있는 모습을 발견하기도 했습니다. 심지어 상상 속에서 패치에게 화가 폭발해서 고래고래 소리를 지르기도 했습니다. 종종 저는 꿈속에서 허공을 쳐다보면서 주먹을

꽉 쥐고, 속이 끓어올라 숨을 급하게 몰아쉬면서 잠꼬대를 하기도 했습니다.

그러나 매번 잠꼬대를 하면서 잠에서 깰 때마다 패치를 용서하는 것이 하나님의 뜻이라는 것을 깨달았습니다. 특히 그녀의 허깨비가 기도 시간에 방해를 놓을 때면 예수님의 말씀이 너무도 선명하게 떠올랐습니다.

> 서서 기도할 때에 아무에게나 혐의가 있거든 용서하라 그리하여야 하늘에 계신 너희 아버지께서도 너희 허물을 사하여 주시리라 하시니라 (막 11:25)

저는 패치를 용서하지 않으면 기도해 봐야 모두 헛것이라는 것을 알았습니다. 그녀가 제가 목사로서 실패한 사람이라고 비난하는 것과, 제 자신의 양심이 그녀 때문에 하나님 앞에서 용서를 비는 것은 별개의 문제였습니다.

그러나 마침내 저는 하나님의 은혜로 미워하는 마음을 내려놓을 수 있었습니다. 저는 그녀에 대한 끓어오르는 원망을 계속 쌓아 가면서 제가 방심할 때마다 그녀가 저를 가지고 놀게 내버려두든지, 아니면 예수님이 저를 용서해 주셨던 것과 마찬가지로 저도 용서하는 길을 가든지 양자택일을 할 수밖에 없다는 것을 깨달았습니다.

참된 그리스도인들은 용서하고 싶어 합니다

제 마음은 분노의 활화산이었지만 하나님의 은혜로 패치를 용서하는 쪽으로 기울고 있었습니다. 용서란 해방과 기쁨을 찾는 지름길일 뿐만 아니라 하나님의 뜻입니다. 하나님이 우리를 '새 피조물'로 만드셨을 때(고후 5:17), 그분은 우리에게 그분의 뜻을 사랑하고 순종하는 기질을 주셨습니다(시 40:8). 그리고 하나님의 뜻을 행하고자 하는 마음의 갈망을 주셨습니다. 한 예로 용서하고자 하는 갈망은 심지어 우리가 그것을 거부하는 죄를 짓는 순간에도 우리 안에서 강하게 요동칩니다.

복음서에서 예수님은 세 차례 직접적으로 다른 사람에 대한 용서와 우리에 대한 하나님의 용서를 결부시키셨습니다(막 11:25-26, 마 6:14-15, 눅 6:37). 거기서 예수님은 "용서하라 그러면 너희가 용서를 받을 것이다"라고 말씀하셨습니다. 물론 다른 사람이 우리에게 범한 죄에 대해 우리가 용서를 베푼다고 해서 우리가 하나님께 저지른 죄가 용서되는 것은 아닙니다. 만약 그렇다면 우리는 구원을 어떤 일을 해서 얻을 수 있는 조건적인 것으로 만드는 꼴이 됩니다. 이 경우에는 다른 사람들에게 용서를 베푸는 것이 될 것입니다. 오히려 본문은 "용서하는 영혼은 용서를 받아본 사람들의 특징"임을 알려 줍니다. 하나님을 향해 회개하는 성도는 다른 사람에 대해 용서를 베푸는 사람입니다. 용서가 잘 안 된다고 생각하는 사람들은 우리를 변화시키시는 하나님의 용서하심을 한 번도 경험해본 적이 없는 사람일 것입니다. 그러나 하나님이 우리를 용서하시는 것처럼 기꺼이 다른 사람을 용서하려는 사람들은 하나님의 은혜를 받았다는 점에서 희망이 있습니다. 그리고 그들은 이런 은혜를 경험했기 때문에 육의 행실이 용서하고자 하는 마음에 대적하고 나올 때도 진정으로 용서하고 싶어 하게 됩니다.

마태복음 18장 21~35절에서 예수님은 어떤 임금과 한 종의 비유를 들어 말씀하셨습니다. 그 종은 도저히 갚을 수 없는 빚을 지고 있었지만 임금은 크게 불쌍히 여겨 빚을 전부 탕감해 주었습니다. 그런데 그 종이 자기에게 얼마 되지도 않는 돈을 빌렸다가 갚지 않은 사람과 길에서 마주치자 그의 목을 잡고 빚을 갚으라고 심하게 독촉했습니다. 이 소식을 전해들은 임금은 분노했습니다. 이에 임금이 그 종을 불러다가 "악한 종아 네가 빌기에 내가 네 빚을 전부 탕감하여 주었거늘 내가 너를 불쌍히 여김과 같이 너도 네 동료를 불쌍히 여김이 마땅하지 아니하냐"(마 18:32-33)라고 엄히 꾸짖었습니다. 그런 다음 임금은 그 종을 감옥에 보내어 평생 동안 도저히 갚을 길이 없는 그 빚을 청산하도록 했습니다. 그에게는 그것을 청산한다는 것 자체가 불가능입니다.

그런 다음 예수님은 핵심적인 말씀을 하셨습니다. "너희가 각각 마음으로부터 형제를 용서하지 아니하면 나의 하늘 아버지께서도 너희에게 이와 같이 하시리라"(마 18:35). 이 이야기에 나오는 종과는 달리 하나님의 진실한 종은 용서하는 자가 될 것입니다. 하나님께서 그의 힘으로는 도저히 처리할 수 없는 죄의 빚을 용서해 주셨다는 것을 알기에 그는 기꺼이 다른 사람들을 용서하려 할 것입니다. 그리고 하나님의 은혜로 그는 다른 사람들이 자신에게 지은 상대적으로 사소한 죄들을 단지 말로만이 아니라, 마음으로부터 용서하고 싶어 할 것입니다.

마틴 로이드 존스의 간증이 모든 성도들의 마음속의 절규가 되어야 합니다.

하나님의 영광을 위해, 그리고 지극히 겸손한 마음으로 말하겠습니다. 나는 나 자신이 하나님 앞에서 나의 복되신 주님께서 내게 행하신 일들을 깨달을 때마다 누구에 대해서, 그리고 어떤 일에 대해서도 용서할 준비가 되어 있습니다.[1]

용서할 준비가 된 것과 용서를 베푸는 것

"나는 누구에 대해서, 그리고 어떤 일에 대해서도 용서할 준비가 되어 있습니다."라는 마틴 로이드 존스의 말을 주목하십시오. 많은 사람이 용서할 준비가 되어 있는 것과 실제로 용서를 베푸는 것의 차이를 이해하지 못합니다.

종종 학교에서 총격사건이 일어나거나 또는 어떤 끔찍한 대량학살이 있은 후, 지역사회의 대변인들이 나와 살인자들을 용서해 줄 것을 사람들에게 호소하는 경우가 있습니다. 하지만 성경적으로 용서란 회개가 없이는 성립되지 않으며 요구되지도 않습니다. 예수님은 사람들이 그를 십자가에 못 박을 때 곧바로, "아버지 저들을 사하여 주옵소서 자기들이 하는 것을 알지 못함이니이다"(눅 23:34)라고 기도했지만, 이 기도가 무조건적인 용서는 아니었습니다. 만일 무조건적인 것이었다면 이 사람들은 회개하여 복음을 믿지 않아도 죄가 용서되었을 것입니다. 하지만 그것은 이단적인 생각입니다. "십자가 위에서 예수님은 용서하신 것이 아니다"라고 지적하면서 제이 아담스는 "그는 기도하신 것입니다"라고 말합니다. 사도행전 7장 60절에 나오는 순교자 스데반이 자신을 핍박하는 사람들을 용서해 달라고 하는 기도에 대해 말하면서 아담스는 이렇게 계속 말합니다.

> 스데반의 경우도 마찬가지입니다. 용서가 만일 무조건적인 것이라면, 예수님과 스데반 그리고 다른 사람들은 말을 그렇게 완곡하게 표현하지 않고, 그냥 그들을 살해한 자들을 '용서한다'고 선포해 버렸을 것입니다. 다른 때 예수님은 "너의 죄가 사해졌다"고 주저 없이 말씀하신 적이 있습니다.…
> 예수님의 기도는 오순절날 베드로와 사도들이 설교할 때 응답되

었으며, 수천 명의 유대인들이 회개하고 복음을 믿는 다른 사건에서도 응답되었습니다(행 2:37-38; 3:17-19; 4:4). 예수님이 그들의 죄를 위해 죽으셨다는 것을 그들이 믿지 않았다면, 구세주를 죽인 죄를 용서받지 못했을 것입니다. 그들이 용서받은 것은 예루살렘에서 사실대로 전해진 복음 설교에 그대로 반응하여 믿었기 때문입니다.[2]

예수님이 기도에서 예시하셨던 것처럼 그리스도인들은 항상 용서할 준비가 되어 있어야 합니다. 그래야 누군가가 용서를 구할 때 베풀 수 있습니다.

그렇습니다. 우리는 우리에게 죄를 범한 사람이 용서를 구하든 말든 죄가 되는 원한과 증오를 버려야 합니다. 어떤 사람은 이런 결정을 용서와 동등하게 봅니다. 하지만 실상 이것은 단지 기꺼이 용서하기 위한 준비에 불과합니다. 이제 죄를 지은 사람이 회개한다면, 우리는 "당신을 용서한다"라는 말을 함으로써 용서의 과정을 마무리할 준비를 마친 것입니다. 용서를 구하지도 않았는데 용서를 선포하는 사람은 회개의 중요성을 무시해 버리는 것일 뿐만 아니라 성경의 요구사항까지도 오해하고 있는 것입니다. 그러나 용서할 마음이 아예 없는 사람은 성경을 부인하고 있는 것이며, 적어도 그 순간에는 자신이 구원받았다는 사실을 시험하고 있는 것입니다.

레온 모리스는 "우리는 어떤 특수한 경우에는 용서할 필요가 없다는 '근사한' 이유를 대곤 합니다. 그러나 그런 사고는 언제나 잘못된 것입니다."[3] 라고 꼬집어 말한 바 있습니다. 성장하는 그리스도인들은 잘못을 깨닫게 되면 신속히 스스로에게 "나는 용서할 준비가 되어 있어"라는 말을 하게 될 것입니다.

용서와 망각

성경에는 "용서하고 잊어버리다"라는 표현이 없습니다. 그뿐 아니라 성경은 절대로 우리가 용서한 그 죄를 아예 잊어버리라고 말하지도 않습니다. 물론 때때로 우리는 용서한 후에 그 일을 잊기도 합니다.

그리스도를 통해 하나님을 알게 된 모든 사람들에게 주시는 하나님의 약속은 "내가 그들의 악행을 사하고 다시는 그 죄를 기억하지 아니하리라"(렘 31:34)는 것입니다. 하나님은 전지하신 분, 즉 과거, 현재, 미래를 전부 한 치의 오차도 없이 알고 계시는 분이므로, 그분은 결코 우리의 죄를 잊어버리실 수는 없습니다. 그의 용서가 의미하는 것은 그분이 이제는 더 이상 그것들을 기억하심으로 우리와 맞서지 않을 것이라는 데 있습니다. 그분은 절대로 그것을 다시 들춰내지 않으실 것입니다. 우리가 다른 사람들을 용서하는 것도 그런 식이 되어야 합니다. "당신을 용서한다"라고 말하는 것은 그 죄를 결코 다시 떠올리지 않겠다는 약속이기보다는, 그에게 우리가 용서한 죄를 결코 다시 들먹이지 않겠다는 약속입니다. 그 범죄를 완전히 잊지는 못하더라도 우리는 그 사람을 용서한 사람으로 대우해야 합니다(잘못을 용서한 이후에 신뢰를 다시 쌓아야 하는 경우가 있을 수 있습니다. 예를 들어 누군가 범죄를 저질렀다면 그가 진정으로 회개했고 피해자가 용서했더라도 죄에 대한 대가를 치르는 것이 정의를 실현하는 것입니다. 그러나 용서는 그 죄가 결코 다시 관계를 깨는 근거가 되게 하지 않겠다는 선포입니다).

제가 패치를 용서하기 어려웠던 마음을 처음으로 극복했을 때, 그것은 마치 가슴에 박힌 적의 불화살을 빼내는 것 같았습니다. 그것을 제거하는 일이 처음에는 원한을 품고 사는 고통보다 더 힘들 것 같았습니다. 하지만 그것을 뽑아낸 직후 제 영혼은 보다 편하게 숨을 쉬기 시작했고, 그때부터 영혼의 정화작업이 시작되었습니다.

그러나 모든 원한의 독기가 제 몸에서 단번에 제거된 것은 아니었습니다. 용서라는 가장 큰 위기를 통과했지만, 그녀의 얼굴이 곧 다시 제 마음에 떠올랐고, 그것과 더불어 그녀와 싸웠던 수많은 순간들이 머릿속에서 주마등처럼 스쳐지나갔습니다. 그때 제가 처음으로 배운 것은 용서할 채비를 갖추는 일이 항상 단 한 번의 결정적인 전투로 얻어지는 것은 아니라는 것이었습니다. 저는 정말로 패치를 용서하고 싶었습니다. 하지만 제 마음속에 그녀의 공격을 떠올랐을 때, 상처 부위가 다시 쓰리고 아팠습니다.

예수님은 우리에게 이렇게 가르치셨습니다. "너희는 스스로 조심하라 만일 네 형제가 죄를 범하거든 경고하고 회개하거든 용서하라 만일 하루에 일곱 번이라도 네게 죄를 짓고 일곱 번 네게 돌아와 내가 회개하노라 하거든 너는 용서하라"(눅 17:3-4).

우리는 이 말씀을 그대로 받아들여야 합니다. 다시 말해, 어떤 사람이 우리에게 죄에 대한 용서를 신실하게 구한다면 그 횟수에 상관없이 그를 기꺼이 용서해 주어야 합니다. 그렇지만 어떤 사람이 하루에 일곱 번 자의로 죄를 지은 다음에 그것을 회개하기 위해 일곱 번이나 신실한 마음으로 겸손히 나올 수 있다는 것은 좀 특이한 일이라고 저는 생각합니다. 그러나 어떤 사람이 제게 범죄했을 때, 그 범죄에 대한 기억이 제 마음에 하루에 일곱 번 다시 떠오르는 것은 특이한 일이 아닙니다. 예수님이 설명하셨던 상황과 똑같이 저는 그날만 해도 적어도 일곱 번은 용서할 마음을 먹어야 했습니다.

패치의 고통스런 공격이 자꾸 생각날 때마다 저는 그렇게 해야 했습니다. 한 가지 기억이 떠오를 때마다 저는 예수님의 십자가 앞에 다시 가서 그녀를 용서하고자 하는 마음을 새롭게 해야만 했습니다. 그리고 상처가 새롭게 터졌기 때문에 그런 과정이 고통스러웠지만 두 번째 하는 용서는 처음 할 때보다는 힘들지 않았습니다다. 치유에 어느 정도의 진전이 있었기 때문입니다. 세 번째 용서할 때는 두 번째보다 훨씬 힘이 덜 들었고, 매번 이런 용서의 위기를 겪을 때마다 용서하기가 그 전보다 수월해졌습니다. 저는 오래지 않아 패치를 아무런 원망 없이 생각할 수 있게 되었습니다. 그리고 그녀가 결코 제게 용서를 구하지는 않았지만, 하나님의 은혜로 저는 용서를 베풀 수 있는 준비를 하게 되었습니다.

그녀가 제게 했던 말과 행동들을 거의 잊을 수 있었던 것은, 제가 그녀를 용서하려고 마음먹었기 때문이었습니다. 그러나 간혹 우리는 단지 우리가 더 이상 그 범죄를 생각하지 않기 때문에 우리가 용서에 대한 하나님의 기대를 충족시켰다고 믿게 됩니다. 달리 말하자면, 삶은 흘러가고 우리는 다른 일들로 분주하여 마침내 용서하지 않아도 저절로 잊게 됩니다. 그러나 그런 것은 세상 사람들도 합니다. 좀처럼 기억도 나지 않는 얼굴이나 사건이 다시 생각난다고 해서 속이 뒤집어지거나 얼굴이 경직되거나 하겠습니까? 단지 기억이 나지 않는다고 해서 당신이 용서했다고 착각하지 않도록 조심하십시오.

용서의 마음을 자세히 살피는 3가지 질문

"모든 사람은 자신에게 용서해야 할 일이 생기기 전까지는 용서란 멋진 생각이라고 말한다"고 C. S 루이스는 말했습니다.[4] 만일 당신에게 지금 용서할 일이 없다면 조만간 그런 일이 생길 것입니다. 모든 그리스도인들이 받은 은혜 때문에 자원하는 마음으로 용서하는 것이 가장 바람직합니다. 다음 세 가지 질문들은 당신으로 하여금 그렇게 할 수 있도록 도와줄 것입니다.

1. 당신은 용서할 준비가 되어 있습니까? 반대로 말하면 이렇게 물을 수도 있습니다. "당신 주변에 용서하기에 아직은 앙금이 남아 있는 사람이 있습니까? 교회, 직장, 이웃이나 가족 가운데 혹시 그들의 얼굴을 보거나 목소리만 들어도 마음에 쓰디쓴 고통을 더해 주는 그런 사람이 있습니까? 만일 있다면 그 문제를 해결하는 것이 성장하는 그리스도인이 되는 유일한 길임을 명심하십시오. 다윗 왕은 시편 86편 5절에서 "주는 선하사 사죄하기를 즐거워하시며"라고 증언했습니다. 하나님을 점점 더 닮아 가는 것은 모든 상황에서 그와 비슷하게 됨을 의미합니다.

2. 어떤 사람에 대해 먼저 용서하는 일을 시작해야 할 필요가 있습니까? 만일 스스로 죄를 범한 사실을 알고 있다면 다음 절차는 너무도 분명합니다. 회개하십시오. 단지 사과만 해서는 안 됩니다. 당신의 죄에 대해서 회개하고 용서를 구하십시오. 패치의 목사로 있었던 마지막 두 주 동안 저는 그녀의 죄에 대해 수군거

렸던 제 죄를 깨닫게 되었습니다. 저는 제 자신에게 우리 사이의 문제는 95퍼센트가 그녀의 죄 때문에 생긴 것이고 제 죄는 5퍼센트밖에 되지 않다고 생각했습니다. 제가 수군거린 것이 그 5퍼센트의 죄에 불과하다고 생각하면서 저는 어떻게든 용서를 구하는 일을 피하려 애썼습니다. 그러나 저는 그녀가 무슨 짓을 했든 상관없이 제가 하나님 앞에서 5퍼센트에 대해 책임을 져야 하며 회개해야 한다는 사실을 알게 되었습니다. 패치한테 가서 용서를 구하는 일은 쉽지 않았습니다. 제가 그런 고백을 하면 그것은 단지 패치에게 저를 대적했던 일이 정당했다는 느낌을 더해 주게 되고, 저를 더욱 공격하도록 좋은 무기를 공급하는 꼴이 될 수 있었습니다. 하지만 저는 하나님 앞에서 옳다고 믿는 일을 한 후에, 그 결과는 주님께 맡겨 드리고 싶었습니다.

어쩌면 당신도, 당신에게 죄를 범한 누군가를 용서해야 할 필요를 느끼고 있는지 모릅니다. 예수님은 이렇게 말씀하셨습니다. "만일 네 형제가 죄를 범하거든 경고하고 회개하거든 용서하라"(눅 17:3). 당신에게는 그 죄가 명백한 것으로 보일지 모르지만, 그것을 저지른 사람은 당신이 당했다는 것조차 깨닫지 못하고 있을 수도 있습니다. 어떤 경우든 만일 당신 자신이 그런 죄를 무시해 버리기 힘들고, 베드로전서 4장 8절의 "사랑은 허다한 죄를 덮느니라"는 말씀을 실천할 수 없다고 했을 때, 당신의 책임은 그 사람이 그 죄를 알도록 한 후에 화해를 위해 힘쓰는 것입니다.

3. 당신은 용서를 사랑합니까? 자칭 그리스도인이라고 하는 많은 사람이 너무나 쉽게 기분이 상합니다. 어떤 사람은 원한을 마음에 품는 것, 자신을 겸손하게 낮추지 않는 것, 또는 용서를 구하거나 베풀지 않는 것을 거의 자랑스럽게 생각하는 것 같습니다.

참된 그리스도인들은 용서를 사랑합니다. 하나님이 그들을 용서하셨기 때문에 그들은 서로 용서를 주고받는 것은 아름다운 것이며 하나님을 닮은 모습이라고 생각합니다. 용서할 마음의 준비가 되어 있는 것이 경건한 모습이 커져 가고 있다는 아주 확실한 표지가 되는 것도 그런 까닭에서입니다.

요한 크리소스토무스은 이렇게 결론을 내렸습니다. "우리에게 상처 준 사람을 용서하는 것만큼 우리를 가장 하나님을 닮게 하는 것은 없습니다."[5]

영적 처방을 위한 아홉 번째 질문

다른 사람을 용서하고 있습니까?

1. 조용한 시간을 갖고, 당신이 용서해야 할 사람과 당신이 용서를 구해야 할 사람을 생각해 보십시오. 참된 그리스도인은 용서를 사랑합니다.

2. 용서를 받아 본 사람이 용서할 수 있습니다. 당신은 마음 혹은 진심으로부터 우러나온 용서를 받아 본 뜨거운 경험이 있습니까?

3. 하나님께서 우리를 용서하셨기 때문에 우리도 서로 용서하는 것이 맞습니다. 이제 당신은 용서할 준비가 되어 있습니까?

열 번째 영적 건강 처방전

천국에서의 삶을
기대하고 있습니까?

사람은 그가 무엇을 갈망하는가에 따라
어떤 사람인가가 판별됩니다.

찰스 스펄전

젊은 목사 시절 저는 나이 많은 교인들이 천국을 지나치게 강조하는 것 때문에 좌절감을 느끼곤 했습니다. "현재의 삶은 어떻게 하란 말인가?"하는 의구심 때문이었습니다. "저들은 죽기 전에 자신의 영적인 삶이나 자신들의 교회, 또는 전반적인 하나님 나라에 대한 어떤 목표도 가지고 있지 않단 말인가?"

이처럼 속으로 노인들을 무시했던 때가 엊그제 같은데 이제 제 나이가 그때보다 거의 배는 더 되었습니다. 제가 그런 평가를 하고 있었던 그분들과 거의 비슷한 나이가 되고 보니, 그때의 그런 생각들이 열심으로부터 비롯되었지만 아직 성숙하지 못한 한 목사의 젊은 날의 단상에 불과했던 것이 아닌가 하는 생각이 듭니다.

장기간의 순례를 하고 있는 사람들은 '마지막 도착지에 언제 도착하나'하는 간절함이 있습니다. 특별히 천국과 같이 영광스럽고 훌륭한 장소를 향해 갈 때는 더욱 그렇습니다. 수십 년 동안 예수님을 사랑하면서 그분을 위해 살았던 사람들은 자연히 그분을 간절히 보고 싶어 합니다. 천국 문턱에 와 있는 나이 많은 성도들에게는 바로 그런 기대감이 있습니다. 그러나 이런 열망은 모든 성장하는 그리스도인들의 마음에도 마찬가지로 끓어오릅니다.

성장하는 그리스도인은
탄식하는 그리스도인입니다

로마서 8장 22~23절에서 사도 바울은 모든 피조물의 탄식에 주의를 기울입니다. 죄가 세상에 들어온 이후부터 사람들은 타락의 결과가 제거될 것을 기다리며 탄식합니다. 즉 특별히 피조물 가운데 하나님의 영이 내주하는 사람들의 탄식에 대해 말하고 있습니다. 바울은 다음과 같이 말하였습니다.

> 피조물이 다 이제까지 함께 탄식하며 함께 고통을 겪고 있는 것을 우리가 아느니라 그뿐 아니라 또한 우리 곧 성령의 처음 익은 열매를 받은 우리까지도 속으로 탄식하여 양자 될 것 곧 우리 몸의 속량을 기다리느니라

여기서 말하는 탄식하는 사람들은 소위 특별히 헌신된 그리스도인이 아니라는 점에 유념하십시오. 그들은 단지 '성령의 처음 익은 열매인 우리'입니다. 다른 말로 하면 모든 그리스도인들, 즉

성령께서 그 사람 안에서 영원한 일을 시작한 모든 사람은 "양자 될 것, 곧 우리 몸의 속량을 기다리며" 이와 같은 탄식을 경험합니다. 미래의 우리의 몸과 거할 장소에 대한 이런 갈망은 성장하는 건강한 그리스도인의 참모습입니다.

바울은 이런 사실을 고린도후서 5장 2절에서 재차 강조합니다. 그는 이렇게 단언합니다. "참으로 우리가 여기 있어 탄식하며 하늘로부터 오는 우리 처소로 덧입기를 간절히 사모하노라." 물론 그리스도인의 탄식은 단순히 새롭고 영광스러운 몸으로 덧입기 위함일 뿐 아니라, 그런 변화가 의미하는 모든 것을 드러내기 위함이기도 합니다. 여섯 절이 지난 후에 바울은 조급한 마음에서 조금은 신학적일 수 있는 말을 다시 언급합니다. "우리가 담대하여 원하는 바는 차라리 몸을 떠나 주와 함께 있는 그것이라"(고후 5:8). 여기서 인용한 모든 구절에서 바울은 그리스도인의 희망 중 오로지 한 면만을 상술하고 있지만, 그런 구절들은 영원히 누릴 성도의 모든 경험을 나타냅니다. 그러므로 그리스도인이 몸의 구속을 위해 탄식할 때, 그는 또한 그의 몸을 구속하실(영화롭게 하실) 주님의 임재 앞에 서는 것입니다. 즉 천국에 영원히 살면서 하나님의 백성과 영원한 교제를 누리는 것을 바라며 탄식하는 것입니다.

여기서 이렇게 질문하는 사람도 있을 것입니다. "다 좋습니다. 하지만 그리스도인이 천국에서 예수님과 사는 것을 동경하게 될 때, 이 땅에서 그의 삶은 어떻게 되는 것입니까?" 이 물음에 대해 데이비드 브레이너드의 일기로부터 발췌한 다음의 글이 좋은 답을 제공합니다. 브레이너드는 18세기 뉴잉글랜드 지방의 인디언들에게 파송된 선교사였습니다. 그는 조나단 에드워즈의 자택에서 결핵을 앓다가 방년 29살의 나이로 죽었습니다. 조나단 에드워즈는 기독교 경건문학의 고전으로 남게 된 《데이비드 브레이너드의 생애와 일기》를 책으로 펴냈습니다. 1742년에 쓴 한 일기에는 이런 내용이 담겨 있습니다.

> 6월 12일 토요일, 오늘 아침에는 기도를 드리면서 달콤한 순간을 흠뻑 누렸습니다. 이로 인해 하루 종일 하나님을 향한 다함이 없는 갈망을 느꼈습니다. 하나님을 모르는 불쌍한 영혼들은 어떻게 살아갈까 하는 의문이 들었습니다. 세상의 모든 즐거움은 완전히 사라질 것이고, 나 자신의 무력함을 발견합니다. 하지만 나는 복되신 하나님께 갈 수 있지 않은가? 내가 간절히 바라는 것은 죽어서 그리스도와 함께하면서 그분의 영광을 뵙는 것입니다. 오, 나의 약하고 지친 영혼이 내 아버지 집에 도착할 날을 갈망하나이다![1]

브레이너드의 갈망 가운데 흠뻑 젖어 들어 있는 '달콤함'과 '기쁨'을 주목하십시오. 열망하는 어떤 것으로부터 분리되어 있어 고통하고 있고 현재에 대해 만족하지 못하고 있음에도 불구하고, 우리가 아직 미래에 있을 어떤 것을 동경할 때마다 성령은 우리가 탄식하는 가운데도 달콤함과 행복을 느끼도록 일하십니다. 이것에 대해서는 C. S. 루이스가 《우리가 얼굴을 찾을 때까지》라는 책에서 큐피드와 프시케의 신비를 새롭게 풀어 잘 얘기하고 있습니다. 프시케가 그의 여자 친구 오루알에게 하는 다음과 같은 설명을 통해 천국에서 예수님과 함께 있고 싶어 하는 그리스도인의 갈망을 짐작해 보십시오.

> 내가 그토록 갈망해 오던 가장 행복한 때였지. 행복한 날에 우리는 저기 저 언덕 위에 올랐었지. 우리 셋이 말이야. 바람과 햇빛, 그리고 나… 기억나니? 그 색과 그 향기 말이야. …그리고 저 멀리 건너편에 바라다 보이는 그레이 산 말이야. 너무 아름다워 나도 모르게 정신이 팔린 채 계속 그것을 바라보게 되었지. 어딘가에 그것보다 더 좋은 것이 분명히 있을 텐데. "프시케야, 이리 와 봐!"라고 모든 것이 소리치는 것 같았어. 하지만 나는(아직은) 갈 수 없었어. 어디로 가야 하는지 몰랐거든. 그래서 마음이 많이 아팠지. 다른 모든 새들이 둥지를 찾아 날아가는데 나만 홀로 새장에 갇혀 있는 것 같은 느낌을 받았지. 내 평생 가장 기분 좋았던 때는 산에 올라가 모든 아름다움이 시작되는 장소를 발견하고 싶은 열망에 사로잡혀 있었을 때였지.[2]

프시케가 당신의 영혼을 대변하고 있습니까? 당신은 당신이 갈망하는 천국의 삶이 현재의 삶보다 더 자연스럽게 느껴진다고 생각합니까? 당신이 가장 간절히 갈망하는 것들은 다른 세상에서 성취될 운명인 것처럼 보입니까? 이런 것들이 성장하는 그리스도인의 탄식입니다. 그는 하나님이 우리를 그분과 영광스러운 교제를 나누도록 창조하셨고, 우리가 그곳에 가기까지는 결코 집에 있는 것처럼 편안하지 않을 것이며 결코 자신의 소원이 성취된 것도 아님을 알고 있습니다.

성장하는 그리스도인들은 거룩함을 열망합니다

앞에서 언급한 대로 인생의 연륜과 삶의 경험이 쌓이면서, 저는 제가 담임했던 교회의 나이든 어르신들이 가지고 있던 천국 지향적인 생각에 대해 좀 더 유연한 평가를 하게 되었습니다. 하지만 천국을 향하는 모든 열망들이 전부 올바른 동기를 가지고 있다고 생각하는 일에 대해서는 여전히 주저하게 됩니다.

점점 나이가 들고 몸도 마음대로 되지 않으면서 저는 영원한 안식을 누리려는 욕망에 대해 더 많이 공감하게 되었습니다. 그러나 불교, 이슬람교 심지어 무신론에도 그러한 갈망이 있습니다.

피곤한 삶에 종지부를 찍고 안식을 누릴 수 있는 새로운 삶을 시작하고픈 열망이 기독교에만 있는 것은 아닙니다.

마찬가지로 세상의 염려로부터 영원히 해방되고 싶은 간절함 또한 보편적인 것이며 기독교만의 것은 아닙니다. 세상에 사는 모든 이들은 인생의 짐을 다 내려놓을 수 있는 때를 꿈꿉니다. 그렇다면 우리가 은혜 안에서 성장하고 있다는 것을 어떻게 세상 사람들이 바라고 있는 것과 동일선상에서 측정할 수 있단 말입니까? 그런 것들은 심지어 스스로 하나님을 증오한다고 공언하는 사람들조차도 바라고 있는 것이 아닙니까?

안식과 해방에 대한 욕구처럼 세상을 떠난 사랑하는 이들과의 재회에 대한 바람은 그리스도인들만큼이나 불신자들에게도 나타납니다. 어떤 사람이 단지 천국에 있는 자녀나 부모 또는 배우자를 만날 것을 기대하면서 점점 더 희망에 들뜬다고 해서 그가 그리스도인으로서 성장하고 있음을 의미하는 것은 아닙니다. 사실 그것은 전혀 믿음의 표지라고 할 수 없으며 단지 인간적인 애정에 불과합니다.

심지어 예수님과 함께 있고자 하는 열심도 반드시 그리스도를 알고 있다는 증거가 되지 않습니다. 그가 그리스도를 닮고 있다는 증거는 더더구나 되지 않습니다. 어떤 사람들은 마리아나 또는 다윗 왕을 보고 싶은 것과 같은 마음으로 예수님을 보고 싶어 합니다. 단순한 호기심, 즉 어떤 유명인을 만나 보고자 하는 욕망 같은 것이 유일한 동기일 수 있습니다.

따라서 "당신은 천국의 삶을 기대하고 있습니까?"라는 질문뿐 아니라 "당신은 어떤 의미에서 천국과 예수님을 기대합니까?"라는 질문도 같이 물어야 합니다. 성장하는 그리스도인들은 그저 안식하는 천국이 아닌, 거룩한 천국을 갈망합니다. 그들은 거룩한 곳, 거룩한 백성, "거룩하다 거룩하다 거룩하다"(계 4:8) 하는 하나님을 점점 더 그리워하기 때문에 죄로 물든 이 세상에 사는 것에 점점 더 불편함을 느낍니다. 그들은 천국의 안식, 해방, 또는 재회보다 이런 거룩함에 동참하기를 학수고대합니다. 조나단 에드워즈는 그것을 이렇게 표현했습니다. "천국에 가고자 하는 갈망이나 죽고 싶은 갈망은 좀 더 거룩한 마음을 추구하려는 갈망과 같이 참된 성도를 구분 짓는 특징이 될 수는 없습니다."[3]

자기 자신의 영적의 열망을 기술하면서 조나단 에드워즈는 다른 곳에서 이런 말을 했습니다.

> 내가 열망하는 천국은 거룩함의 천국입니다. 하나님과 함께하면서 하나님의 사랑 안에서 영원히 살면서 그리스도와 거룩한 교제를 나누는 곳입니다. 내 마음은 천국과 그곳에 있는 즐거움, 완전한 거룩함과 겸손, 그리고 사랑 가운데 살아가는 것에 대한 생각으로 온통 사로잡혀 있습니다.[4]

데이비드 브레이너드 역시 조나단 에드워즈를 비롯한 모든 성장하는 그리스도인들과 마음을 같이 했습니다. 1744년 10월 26일자 일기에서 그는 이렇게 썼습니다.

내 영혼은 죄로 인해 큰 슬픔에 빠졌습니다. 거룩함을 소중히 여기고 갈망하는 동안 내가 얼마나 선하신 하나님을 욕보였는지를 생각하면 마음이 아려옵니다. 나는 하나님을 슬프게 해드리지 않기 위해 완전히 거룩해지기를 갈망했습니다. 그분은 그의 사랑이 남용된다 해도 거절치 아니하시고 계속 사랑하실 것입니다.[5]

그리고 20세기 후반 데이비드 브레이너드의 전기 작가는 다음과 같은 말을 덧붙이고 있습니다.

그가 자주 죽고 싶다고 표현한 것은 단지 이생의 고난과 역경을 회피하고 싶어서 그런 것만은 아닙니다. 물론 그런 동기를 전혀 무시할 수는 없습니다. 하지만 그에게는 천국에서의 최종적인 모습이 생애 최고의 목표였습니다. 그것이 그가 짓눌려 있는 죄의 무게로부터 그를 궁극적으로 해방시켜 주는 것이었기 때문입니다.[6]

이 모든 말은 로마서 8장 23절에서 바울이 묘사한 그리스도인의 모습과 일치합니다.

그뿐 아니라 또한 우리 곧 성령의 처음 익은 열매를 받은 우리가 지도 속으로 탄식하여 양자 될 것 곧 우리 몸의 속량을 기다리느니라

마침내 죄로부터 구속받은 몸 안에 살면서 죄의 자취를 전혀 찾아볼 수 없는 몸과 마음, 심령을 가지고 예수님 자신의 숨 막힐 듯한 임재 안에서 기뻐하는 것은 영원을 생각하며 성장하는 그리스도인들의 마음을 사로잡고 있는 불타는 소망입니다.

영적인 의미에서보다 육체적인 의미에서 '몸의 구속'을 기대하는 사람이 있다면, 그것은 사지가 마비된 상태에 있는 조니 에릭슨 타다 같은 사람일 것입니다. 하지만 모든 성장하는 그리스도인들과 마찬가지로 그녀가 내세의 삶을 바라며 열망하는 가장 큰 이유는 건강보다는 거룩함 때문입니다. 그녀는 이렇게 증언했습니다.

사람들은 마치 내가 새로운 육체를 얻기를 기대한다고 생각하면서, '당신은 틀림없이 천국을 기대하고 계시겠군요'라고 말합니다. 25년간이나 휠체어를 타고 다녔더니 간혹 그런 생각이 들기도 하지요. 하지만 내가 기대하는 것은 새로운 육체 그 이상의 것입

니다(그녀는 삼성이 격앙되어 목이 멘 상태로 말했습니다). 내가 정말로 기대하고 있는 것은 죄가 없는 마음이랍니다.[7]

다른 곳에서 그녀는 이런 말을 덧붙였습니다.

대부분의 사람들은 새로운 육체를 얻는 것이 나의 초점이라고 생각하는 경향이 있는 것 같아요. 하지만 나는 죄의 흔적이 하나도 없는 의로움으로 옷 입게 될 날이 기다려져서 몸이 안달이 날 지경이에요. …내게 그것은 천국이 주는 가장 귀한 거예요.[8]

마음이 청결하여 하나님을 보는 것은 그리스도인이 가지는 최고의 소망이며 가장 깊은 마음속 열망입니다. 마틴 로이드 존스는 이것을 다음과 같이 잘 요약해 주고 있습니다.

당신이 천국에서 찾고자 소망하는 것은 무엇입니까? 그보다 먼저 한 가지 질문을 당신에게 드리는 것이 좋겠습니다. 당신은 천국에 가는 것을 기대해본 적이 있습니까? … 죽음을 고대하는 사람은 단지 고통 때문에 인생을 벗어나고자 합니다. 그것은 기독교가 아닙니다. 그러나 이방 종교는 그렇습니다. 그리스도인은 천국에 대해 긍정적인 열망을 가지고 있습니다. 그러므로 이렇게 묻겠습니다. 당신은 천국에 가는 것을 기대해본 적이 있습니까? 아니 그보다 당신은 천국에 도착했을 때 무엇을 기대하십니까? 우리가 열망하는 것이 무엇입니까? 천국의 안식입니까? 고통과 고난으로부터의 해방입니까? 당신은 그런 모든 것들을 거기서 발견할 수 있을 것입니다. 하나님, 감사합니다. 하지만 그것이 천국에서 기대할 수 있는 전부는 아닙니다. 우리가 기대하는 것은 바로 하나님의 얼굴입니다. '마음이 청결한 자는 복이 있나니 그들이 하나님을 볼 것임이요.' … 바로 하나님의 임재 앞에 서서 그분의 얼굴을 보고 또 보는 것입니다. 그것에 대한 갈망이 당신에게도 있습니까? 그런 것이 우리가 생각하는 천국입니까? 그것이 바로 우리가 가장 원하는 것입니까?[9]

성장하는 그리스도인들은 다른 어떤 것보다 천국에 있는 거룩함을 열망합니다.

영적으로 충만한 그리스도인들은 마틴 로이드 존스의 마지막 질문에 대해 긍정적인 답변을 할 것입니다. "예, 우리는 세상 어떤 것보다도 천국의 거룩함과 하나님의 얼굴을 진실로 갈망합니다."

고린도후서 5장 2절에서 바울은 우리가 열망하는 천국의 거룩함을 우리가 "간절히 사모하는" 어떤 것이라고 묘사했습니다. 이 편지를 쓰기 수년 전 그는 위에 있는 우리의 거룩한 집에서 우리를 기다리고 있는 것이 무엇인지를 잠깐 엿볼 기회가 있었습니다(고후 12:1-4). 형언하기 힘든 그런 경험을 한 후에 그는 다음과 같은 말을 할 수 있었습니다.

> 그러나 만일 육신으로 사는 이것이 내 일의 열매일진대 무엇을 택해야 할는지 나는 알지 못하노라 내가 그 둘 사이에 끼었으니 차라리 세상을 떠나서 그리스도와 함께 있는 것이 훨씬 더 좋은 일이라 (빌 1:22-23).

바울은 사도로서 비할 데 없는 복을 받았습니다. 그가 설교할 때면 극적인 회심의 역사가 있었고, 그의 손을 통해 자주 놀라운 기적이 일어났으며 천사들이 나타나기도 하는 등 굉장한 일이 일어났습니다. 그럼에도 불구하고 그는 "떠나서 그리스도와 함께 있는 것"이 "훨씬 더 좋은 일", 그냥 더 좋은 정도가 아니라 훨씬 더 좋은 일이라고 이야기합니다.

"우리가 탄식하며, 간절히 사모합니다" "떠나서 그리스도와 함께 있는 것이 훨씬 더 좋은 일이라"는 말의 의미를 다시 한 번 생각해 보십시오. 바울은 지금 하나님의 선하심을 맛보아 알았을 뿐만 아니라(시 34:8), 하나님의 거룩하심은 영원히 거절할 수 없는 중독성이 있다는 것을 깨달은 사람으로서 글을 쓰고 있습니다. 그는 충분한 만족을 얻을 수 없었습니다. 그래서 그는 탄식했고, 그에게 만족을 줄 수 있는 것, 즉 하나님의 얼굴을 마주보면서 큰 기쁨을 맛보게 되기를 간절히 사모했습니다. 그것은 다른 어떤 것과도 비교할 수 없는 것이라고 조나단 에드워즈는 외쳤습니다.

하나님으로 즐거워하는 것은 우리 영혼을 만족하게 하는 유일한 행복입니다. 천국에 가서 하나님과 함께 온전한 기쁨을 누리는 것은 이 세상에서 누릴 수 있는 최고로 쾌적한 편의시설보다 훨씬 더 좋은 것입니다. 아버지, 어머니, 남편과 아내, 자녀들, 또는 세상 친구들은 단지 그림자에 불과하나 하나님은 본체가 되십니다. 그런 것들은 단지 흩어지는 빛에 불과하나 하나님은 태양이 되십니다. 그런 것들은 단지 강의 지류에 불과하나 하나님은 대양이 되십니다.[10]

데이비드 브레이너드는 또한 다른 어떤 것들보다 하나님의 거룩한 대양을 갈망했습니다.

1742년 6월 15일 화요일, 내 생애에서 가장 간절하게 하나님에 대해 갈망했던 날입니다. 정오경에 나는 비밀한 외딴 곳에서 달콤한 적막 가운데, 나의 주님께 이렇게 아뢰었습니다.
'주님, 제가 오직 당신만을 갈망하며, 오직 거룩하기를 갈망한다는 것 아시지요. 당신이 저에게 이런 사모하는 마음을 주셨습니다. 제게 이런 마음을 줄 수 있는 분은 오직 당신밖에 없습니다.'[11]

예수님은 "네 보물이 있는 그 곳에는 네 마음도 있느니라"(마 6:21)라고 말씀하셨습니다. 바울, 조나단 에드워즈, 데이비드 브레이너드, 그리고 다른 모든 성장하는 그리스도인들처럼 당신의 보물이 천국에 있을 때, 당신의 마음은 다른 어떤 것들보다 천국을 애타게 사모할 것입니다. 그렇다고 정당한 갈망을 가지고 바랄 수 있는 세상의 많은 것들을 거부하시오라는 뜻은 아닙니다. 결혼해서 자녀를 갖고 직장에서 만족을 얻고자 하는 것과 같은 열망도 강력하고 오랫동안 지속될 수 있습니다. 그런 열망 역시 하나님이 주신 것입니다. 조니 에릭슨 타다가 걷기를 원했던 것만큼이나 사람들도 이런 것들을 원합니다. 하지만 성숙의 과정 가운데 있는 그리스도인이라면 조니가 그랬던 것처럼, 시간이 지나면서 천국의 거룩함에 대한 열망보다 더한 것은 없다는 고백을 하게 될 것입니다.

탄식하는 그리스도인은 성장하는 그리스도인입니다

앞에서 성장하는 그리스도인들은 천국과 천국에 있는 것을 구하며 탄식한다고 말한 바 있습니다. 그러나 이것은 바꾸어 말해도 성립됩니다. 즉 탄식하는 그리스도인은 성장합니다.

그들은 위에 있는 것에 마음을 고정시킵니다. 그리스도인들이 성장하는 한 가지 방법은 그들의 삶을 변화시킬 만한 능력을 가진 위대한 일들이나 주제에 대해 깊이 생각하는 것입니다. 주님이신 예수 그리스도, 천국, 그리고 몸의 구속과 같은 주제만큼이나 생각할 만한 가치가 있는 강력한 주제도 없습니다. 성장하는 그리스도인들은 "위의 것을 찾으라 거기는 그리스도께서 하나님 우편에 앉아 계시느니라 위의 것을 생각하고 땅의 것을 생각하지 말라"(골 3:1-2)는 명령을 기쁘게 받아들일 뿐 아니라 진지하게 받아들입니다. 그들의 위대한 보물은 하나님 우편에 앉아 계십니다. 그들의 최고 소망과 영원한 집은 위의 것에 속해 있습니다. 따라서 그들의 생각도 종종 거기에 가 있습니다. 그들은 곧 거기서 살 것이기 때문에 영원히 그곳으로 자리를 옮기기 전이라 해도 시간만 나면 자주 그곳을 방문하고 싶어 합니다.

이런 천국 지향적인 마음을 가진 가장 대표적인 사람으로 리처드 백스터가 있습니다. 그는 1600년대에 살았던 사람으로 76년을 사는 동안 아프지 않았던 적이 거의 없을 정도로 육체적으로 연약했습니다. 그는 의사들에게서 시한부 삶 선고를 받고 1646년 겨우내 집에서 한참 떨어진 곳에 머물며 외롭게 투병생활을 했습니다.[12] 그때 그는 자기 자신을 위해 글을 쓰기 시작했습니다. 그것은 그가 조만간 들어가게 될 천국에 대한 묵상이었습니다. 처음 그렇게 시작되어 완성된 책이 바로 그가 쓴 글 중 가장 중요한 책인 《성도의 영원한 안식》입니다. 그는 천국에 대해 폭넓게 생각했던 것들이 자신에게 유익했다고 믿었기에, 건강이 회복된 다음에도 천국에 대한 묵상을 게을리 하지 않았습니다. 그는 종종 산책을 하면서 묵상을 하곤 했는데 매일 적어도 30분 이상 했습니다. 몇 십 년이 지난 뒤 최종적인 작품이 나오게 되었고, 그것은 아직까지도 인쇄되고 있는 기념비적인 작품이 되었으며, 가장 영향력 있는 기독교 서적 중 하나가 되었습니다.

'천국 묵상'의 연습을 정기적으로 행함으로 리처드 백스터는 변화되었습니다.[13] '천국 묵상'은 우리들도 변화시킬 것입니다. 다른 영적인 훈련에 덧붙여서 한 주제로 30분을 묵상한다는 것이 오늘날의 문화 속에 사는 많은 사람에게는 별로 도움이 안 되는 것처럼 보일지도 모릅니다. 하지만 우리는 리처드 백스터가 의도하는 바를 수용할 수 있습니다. 다가올 세상과 다시 오시는 분에 대해 규칙적으로 묵상하는 시간을 내겠다는 결심은 우리를 담대하게 만들어 주고, 강건하게 만들어 주며, 생기를 주고, 빛을 주며, 기쁨으로 충만케 할 뿐만 아니라 스트레스에서 해방시켜 줍니다. 예수님과 천국에 대해 묵상할 수 있는 시간을 내지 못하는 사람은 지금 시간을 허비하고 있든지, 아니면 하나님이 뜻하시는 것 이상으로 분주한 것입니다.

마음은 쉬지 않습니다. 그것은 떨어지는 물에 의해 계속 회전하는 풍차와 같습니다. 마음은 잠자는 순간에도 계속 생각하며 꿈을 꿉니다. 그렇다면 우리는 가능한 한 최고로 좋은 생각들을 우리 마음에 담아야 하지 않겠습니까? 예수님과 천국에 대한 생각보다 더 좋은 생각이 어디 있을까요?

탄식하는 그리스도인들은 깨끗한 분을 보고 싶은 기대 가운데 자신을 깨끗케 합니다. 사도 요한은 성령의 감동으로 "그가(예수님이) 나타나시면 우리가 그와 같을 줄을 아는 것은 그의 참모습 그대로 볼 것이기 때문이니"(요일 3:2)라고 영감된 확신을 갖고 기록했습니다.

그런데 그는 주님을 보고자 하는 이런 기대를 갖고 열망하는 사람들에 대해 그 다음 이렇게 말하고 있습니다. "주를 향하여 이 소망을 가진 자마다 그의 깨끗하심과 같이 자기를 깨끗하게 하느니라"(요일 3:3). 이런 소망을 가진 모든 사람(단지 몇 사람이 아닙니다), 즉 예수님의 재림을 동경하는 모든 사람마다 그 소망에 의해 자신을 깨끗케 한다는 이야기입니다. 주님의 재림이 그들에게는 단순한 호기심이나 신학적인 물음만은 아니었습니다. 거룩하신 그리스도의 나타나심을 보고자 신실하게 갈망하는 모든 사람들은 그리스도를 점점 더 닮아 갑니다. 그것을 어떻게 알 수 있습니까? 이것은 모든 이들이 "그의 깨끗하심과 같이 자기를 깨끗하게 하기" 때문입니다. 즉 그런 열망이 자신을 굳게 사로잡고 있는 것입니다.

천국의 거룩함을 사모할 때 우리는 자연히 현재의 서룩함을 추구하게 됩니다. 거룩함이란 가만히 앉아서 기다릴 수 있는 것이 아닙니다. 우리가 그것을 추구해야만 합니다. 제임스 패커가 말한 것처럼 "거룩한 천국에서 거룩한 구세주와 교제하는 기쁨을 누리길 원하는 소망은 오늘날 많은 사람을 거룩하게 하는 강력한 동기가 됩니다."[14]

주님을 "그의 계신 그대로 보고자 하는" '이 소망'을 당신은 가지고 있습니까? 그것이 당신에게 어떤 영향을 미치고 있습니까? 이런 소망이 당신 자신을 깨끗하게 하고자 하는 노력에 어떤 영향을 줍니까? 그리스도의 재림을 기대하는 것으로 인해 당신은 어떻게 점점 더 그리스도를 닮아 가고 있습니까?

저는 이 글을 비행기 안에서 쓰고 있습니다. 4일 동안 4번의 장거리 비행을 했는데 이제 20분 후면 집에 도착합니다. 도착지가 가까워 올수록 집에 빨리 가고 싶은 생각이 간절해집니다. 제가 간절히 바라는 것에 점점 가까이 다가갈수록, 저는 저를 기다리고 있는 대상이나 사람에 대해 더 많은 생각을 하게 됩니다. 당신은 이 책을 처음 읽기 시작했을 때보다 여행의 종착지에 더 가까이 다가서 있습니다. 당신은 요즘 본향을 향해 더 많은 생각을 하고 있습니까? 성장하는 그리스도인이라면 하늘에 있는 본향에 가까이 다가갈수록, 천국에서 자신을 기다리고 있는 그분에 대해 더 많이 생각하게 될 것입니다. 그리고 그 천국을 더욱 기대할 것입니다.

영적 처방을 위한 열 번째 질문

천국에서의 삶을 기대하고 있습니까?

1. 당신은 천국에 대한 기대가 있습니까? 어떤 이유로 천국을 기대합니까?

2. 천국을 묵상해 보십시오. 천국에서는 하나님의 임재 앞에 서서 하나님의 얼굴을 보고 또 볼 것입니다. 이러한 사실에 대한 갈망이 당신에게 있습니까?

3. 당신이 생각하는 천국은 어떤 곳입니까? 천국에서 당신이 가장 원하는 것은 무엇입니까?

미주

들어가는 글

1. 만약 당신이 구원 확신 문제로 씨름하고 있다면, 내가 쓴 다음 책을 추천합니다. *How Can I Be Sure I'm A Christian?* (NavPress, 2019). 《구원의 확신》(네비게이토). 특히 거짓된 확신의 가능성에 관심이 있다면, 9장 '거짓된 구원 확신'을 보십시오.
2. Jonathan Edwards, *The Works of Jonathan Edwards,* vol. 2, Perry Miller, gen. ed., *Religious Affections,* ed. John E. Smith (Yale University Press, 1959), pp. 346-347. 내 책이 당신에게 도움이 되었다면, 에드워즈의 이 책은 동일한 주제를 더 깊이 그리고 더 많이 생각하도록 이끌 것입니다. 《신앙감정론》(부흥과개혁사).

1. 하나님을 향한 갈급함이 있습니까?

1. Augustine, *Coffession* (1.1.1), trans. Henry Chadwick (Oxford University Press, 1998), 3. 《고백록》(분도출판사).
2. Jonathan Edwards, *Religious Affections,* ed. John E. Smith (Yale University Press, 1959), p. 104.
3. John Piper, *A Godward Life* (Multnomah, 1997), pp. 84-85. 《최고의 하나님을 맛보라》(좋은씨앗).
4. 하나님의 유기에 관해서는 다음 책을 보십시오. Joseph Symonds, *The Case and Cure of a Deserted Soul* (1671 ; repr., Soli Deo Gloria, 1996), Sinclair B. Ferguson, *Deserted by God?* (Banner of Truth Trust, 2013). 《하나님은 결코 당신을 버린 적이 없습니다》(나침반).
5. John Blanchard, comp., *Gathered Gold* (Evangelical Press, 1984), p. 100에서 인용.
6. Thomas Shepard, *Parable of the Ten Virgins,* 《신앙감정론》 pp. 376-377에서 인용.
7. 《신앙감정론》, p. 379.

8. A. W. Tozer, *The Pursuit of God* (Christian Publications, 1948), p. 8.《하나님을 추구함》(복있는사람).
9. 앞의 책, p. 20.
10. 영적인 마음을 갖는다는 것에 대해서는 다음의 책을 보십시오. 도널드 휘트니, *How Can I Be Sure I'm A Christian?* (NavPress, 2019).《구원의 확신》(네비게이토). pp. 67-80.
11. C. H. Spurgeon, "The Panting Heart," in *Metropolitan Tabernacle Pulpit* vol. 14 (1869; repr., Pilgrim Publications, 1982), p. 417.
12. Jonathan Edwards, "Nothing Upon Earth Can Represent the Glories of Heaven," *The Works of Jonathan Edwards*, vol. 14, *Sermons and Discourses* 1723-1729, ed. Kenneth P. Minkema (Yale University Press, 1997), p. 143.
13. 앞의 책, p. 147.
14. 앞의 책, pp. 151-152.
15. 앞의 책, pp. 151-153.
16. 《신앙감정론》, p. 378.
17. Roger Steer, ed., *Spiritual Secrets of George Muller* (Harold Shaw, 1985), pp. 62-63.
18. 영적인 묵상에 대해서는 저의 책을 보십시오. *Spiritual Disciplines for the Christian Life* (NavPress, 1991), pp. 43-51, 67-72.《영적 훈련》(네비게이토).
19. 기도 방법을 성장시킬 작은 책으로는 저의 책을 보십시오. *Praying the Bible* (Crossway, 2015).《오늘부터, 다시, 기도》(복있는사람).
20. Arthur Bennett, ed., *The Valley of Vision* (The Banner of Truth Trust, 1975).《기도의 골짜기》(복있는사람).

2. 하나님의 말씀을 지속적으로 듣고 있습니까?

1. Octavius Winslow, *Personal Declension and Revival of Religion in the Soul* (1841; repr., The Banner of Truth Trust, 1993), pp. 17-18.
2. John Piper, *A Godward Life,* p. 107.
3. Jonathan Edwards, "Resolution," in *The Works of Jonathan Edwards,* vol. 16, Perry Miller, gen. ed., *Letters and Personal Writings,* ed., George S. Caghon (Yale University Press, 1998), p. 755.

3. 사랑이 더 커지고 있습니까?

1. Maurice Roberts, "The Supreme Grace of Christian Love" *The Banner of Truth*, February 1989, p. 3.
2. 《신앙감정론》, p.146.
3. 앞의 책, p. 368.
4. 앞의 책, p. 369.
5. Ralph Venning, "The New Comandment Renewed," in *The Puritans on Loving One Another,* ed. Don Kistler (Soli Deo Gloria, 1997), p. 96.
6. John Piper, *Desiring God* (Multnomah, 1986), p. 96. 《여호와를 기뻐하라》(생명의말씀사).
7. Jonathan Edwards, "The Distinguishing Marks," in *The Works of Jonathan Edwards,* vol. 4, The Great Awakening, ed. C. C. Goen (Yale University Press, 1972), p. 257.
8. Roberts, 앞의 책, p. 4. 강조는 필자의 것입니다.
9. 앞의 책, p. 4.
10. Wilhelmus à Brakel, *The Christian's Reasonable Service,* vol. 4, trans. Bartel Elshout (Soli

Deo Gloria, 1995), p. 61. 《그리스도인의 합당한 예배 4》(지평서원).
11. Roberts, 앞의 책, p. 3.

4. 하나님의 임재에 더 민감해졌습니까?

1. George Barna, *Virtual America* (Regal, 1994), p. 55. 강조는 필자의 것입니다. 이 설문이 오래된 것이긴 하지만(나는 이 주제에 관한 최근의 자료를 찾지 못했습니다), 여전히 유효합니다. 더 최근의 여론 조사에서 비율이 반대 방향으로 그 추세를 보인다고 하더라도 (물론 그럴 만한 이유는 거의 없지만) 이는 여전히 충격적일 것입니다.
2. 요한계시록 14:9-10에 있는 지옥에서의 고통에 대한 묘사를 보십시오. 10절 끝 "어린 양 앞에서" 어떻게 될 것인지 기록하고 있습니다.
3. 이 주제에 대해 나는 다음 글에서 더 자세히 썼습니다. "Unity of Doctrine and Devotion," in John H. Armstrong, ed., *The Compromised Church* (Crossway, 1998), pp. 241-262. 더 최근의 탁월하고 세심한 자료는 다음 책입니다. Donald Bloesch, *Spirituality Old and New* (IVP, 2007).
4. A. W. Tozer, *The Knowledge of Holy* (Harper & Row, 1961), p. 82. 《하나님을 바로 알자》(생명의말씀사).
5. 이 주제에 대해 좀 더 알려는 사람에게는 현대 작가로서 청교도들에 조예가 깊은 싱클레어 퍼거슨의 책을 추천합니다. *Deserted by God?* (Baker, 1993).
6. John Bunyan, *The Pilgrim's Progress* (1678; repr, Barbour, 1993), pp. 67-68. 《천로역정》.
7. John Stevenson, "Prayer: Degrees of Boldness," *The Banner of Truth*, June 1998, p. 21.
8. Martyn Lloyd-Jones, *Enjoying the Presence of God* (Servant, 1992), p. 133. 《하나님을 아는 기쁨》(생명의말씀사).
9. C. H. Spurgeon, "The Secret of a Happy Life," *Metropolitan Tabernacle Pulpit*, vol. 22, (1986; repr., Pilgrim Publications, 1981), p. 411.

10. Tozer, 앞의 책, p. 80.

5. 다른 사람의 영적, 물질적 필요에 더 관심을 갖고 있습니까?

1. W. Stanley Mooneyham in "Orphans," in *Baker's Dictionary of Christian Ethics*, ed. Carl F. H. Henry (Baker, 1973), p. 477.
2. 예수님은 우리의 모범 이상이십니다. 그분은 우리의 창조주이시며, 주님이시며, 구원자이시며, 왕이시며, 분노를 없애시는 분이시며, 친구시며, 재판관이십니다. 그러나 그분은 우리의 모범이시기도 하십니다.
3. Madalyn Murray O'Hair, "Quotables," *World*, January 23, 1999, p. 13에서 인용.

6. 예수 그리스도의 신부인 교회를 즐거워하고 있습니까?

1. Charles Schulz, *Peanuts cartoon*, Noverber 1959.

7. 지금 어떤 영적 훈련을 하고 있습니까?

1. 《신앙감정론》, p. 376.
2. James Gleick, *Faster* (Pantheon, 1999).
3. R. C. Sproul, *The Soul's Quest for God* (Tyndale, 1992), p. 7.

8. 죄에 대해 여전히 애통해하고 있습니까?

1. Jonathan Edwards, "Personal Narrative," *The Works of Jonathan Edwards*, vol. 16, Perry Miller, gen. ed., *Letters and Personal Writings*, ed., George Claghorn (Yale University

Press, 1998), p. 803. 《부흥 이야기》(부흥과개혁사).
2. 미드웨스턴 침례신학교 강의록, Kansas City, MO, October 22, 1998.
3. John Blanchard, comp., *Gathered Gold* (Evangelical Press, 1984), p. 297에서 인용.
4. 앞의 책, p. 289에서 인용.
5. 《신앙감정론》, p. 377.
6. 앞의 책, p. 366.
7. Jeremiah Burroughs, *The Evil of Evils* (1654; repr, Soli Deo Gloria, 1992), p. 69.
8. Edwards, 앞의 책 pp. 316-317.
9. Burroughs, 앞의 책 pp. 66-67.
10. John Owen, "The Grace and Duty of Being Spiritually Minded" in *The Works of Owen*, vol. 7 (1850-1853; repr., The Banner of Truth Trust, 1965), p. 333.
11. Jerry Bridges, *The Discipline of Grace* (NavPress, 1994), pp. 58, 60. 《날마다 자신에게 복음을 전하십시오》(네비게이토).

9. 다른 사람을 용서하고 있습니까?

1. John Blanchard, comp., *Sifted Silver* (Evangelical Press, 1995), p. 104에서 인용.
2. Jay E. Adams, *From Forgiven to Forgiving* (Victor, 1989), p. 33.
3. Leon Morris, "Forgiving Others," *Tabletalk*, February 1998, p. 52.
4. John Blanchard, comp., *Gathered Gold*, p. 108에서 인용.
5. John Blanchard, comp., *More Gathered Gold* (Evangelical Press, 1986), p. 105에서 인용.

10. 천국에서의 삶을 기대하고 있습니까?

1. Jonathan Edwards, ed., *The Life and Diary of David Brainer*d, ed. by Philip E. Howard,

Jr. (Moody, 1949), p. 87. 《데이비드 브레이너드의 일기》(복있는사람).
2. C. S. Lewis, *Till We Have Faces* (Harcourt, Brace & Company, 1984), pp. 74-75. 《우리가 얼굴을 가질 때까지》(홍성사).
3. 《신앙감정론》, p. 383.
4. Jonathan Edwards, "Personal Narrative," p. 793.
5. John Thornbury, *David Brainerd* (Evangelical Press, 1996), p. 132.
6. 앞의 책, p. 132.
7. Joni Eareckson Tada, 리고니어 수련회 간증, Orlando, Florida, March 5, 1993.
8. Joni Eareckson Tada, "The Best Part of Heave," Moody, March 1995, p. 32.
9. Martyn Lloyd-Jones, *Faith Tried and Triumphant* (Baker Book House, 1987), p. 199. 《믿음》(개혁주의신행협회).
10. Jonathan Edwards, "The Christian's Life a Journey Toward Heaven," in *The Works of Jonathan Edwards*, vol. 17, Perry Miller, gen. ed., *Sermons and Discourses* 1730-1733, ed. Mark Valeri (Yale University Press, 1998), pp. 437-438.
11. 《데이비드 브레이너드의 일기》, p. 88.
12. Richard Baxster, *The Autography of Richard Baxster*, ed. N. H. Keeble (J. M. Dent & Sons, 1974). p. 94.
13. Richard Baxter, *The Practical Works of Richard Baxster in Four Volumes, The Saint's Everlasting Rest* (1650, repr., Soli Deo Gloria, 1990), p. 295.
14. J. I. Packer, "Why I Like My Pie in the Sky," *Christianity Today*, June 18, 1990, p. 11.

터치북스는 이런 책을 만듭니다.

1. 예수 그리스도의 복음을 담은 책을 만듭니다.
2. 마음과 영혼을 울리는 책을 만듭니다.
3. 독자의 지성과 영성을 성장시키는 책을 만듭니다.
4. 세월이 흘러도 간직하고 싶은 책을 만듭니다.
5. 출판으로 교회와 세상을 섬기겠습니다.

영적 건강 처방전

초판 1쇄 인쇄 2022년 8월 18일
초판 1쇄 발행 2022년 8월 25일

지은이 도널드 휘트니
옮긴이 편집부

펴낸이 김태희
펴낸곳 터치북스

출판등록 2017년 8월 21일(제 2020-000174호)
주소 경기도 고양시 덕양구 통일로 800, 2층(관산동)
전화 031-963-5664 **팩스** 031-962-5664
이메일 1262531@hanmail.net

ISBN 979-11-85098-48-7 03230

책값은 표지에 있습니다.
잘못 만들어진 책은 구입한 곳에서 바꿔 드립니다.